W0227221

TASCHENATLAS
DER SCHIFFE

TASCHENATLAS DER SCHIFFE

*Text
von J. Kozák
Illustrationen
von P. Pospíšil
und M. Rada*

VERLAG WERNER DAUSIEN • HANAU/M.

Fünfte Auflage 1982

TASCHENATLAS DER SCHIFFE

Text: Dipl. Ing. Jaromír Kozák

Illustrationen: Přemysl Pospíšil und Miroslav Rada

Aus dem Manuskript ins Deutsche übertragen von Charlotte und
Dr. Ferdinand Kirschner

Graphische Gestaltung: M. Albich

© 1973 Artia, Praha

Sämtliche Rechte einschließlich der Wiedergabe durch Film, Funk,
Fernsehen, Fotomechanik und andere technische Mittel — auch in
Form von Auszügen — bei Artia-Verlag, Praha.

VERLAG WERNER DAUSIEN · HANAU/MAIN

3/02/13/52-05

ISBN 3/7684/2389/1

AUCH SCHIFFE HABEN IHRE GESCHICHTE

Das Schiff oder im weiteren Sinne des Wortes das Wasserfahrzeug, dessen Entwicklung sich an Hand historischer Quellen 6 000 Jahre zurückverfolgen läßt, ist das älteste Transportmittel. Zeichnungen auf keramischen Funden belegen die Existenz von Schiffen schon vor 8 000 bis 10 000 Jahren. Auch wenn wir nicht genau wissen, ob es ein zugerichteter Baumstamm, ein Floß, ein Rohrbündel oder eine aufgeblasene Tierhaut war, die als erste dem Urmenschen zur Ortsveränderung auf dem Wasser dienten, können wir uns nach den Schiffen, die noch heute von den Eingeborenen gebaut und verwendet werden und zum Teil Jahrhunderte hindurch unverändert geblieben sind, eine ausreichende Vorstellung vom Aussehen der ältesten Wasserfahrzeuge machen.

Die ersten Wasserfahrzeuge entstanden in bewaldeten Gebieten wo die Wasserläufe die einzigen Verkehrswege bildeten. Unbekannt ist, wann der Mensch die Kraft des Windes zu nutzen begann und das Segel erfand; ob ihm dazu das dichte Gestrüpp der Zweige eines schwimmenden Stammes, in das sich der Wind legte, als Vorbild diente oder ob eine zufällig vom Wind geblähte Haut oder Matte den Anstoß gab. Aus einem von Hand oder durch Feuer ausgehöhlten Baumstamm wurde das Fahrzeug hergestellt, das als solches — allein oder mit einem seine Stabilität verbessernden Ausleger —, vorwärtsgetrieben von Paddeln, Rudern oder einem Segel für die Fluß- und Seeschiffahrt auf den südamerikanischen und asiatischen Gewässern und zwischen den Inselgruppen im Stillen Ozean noch heute verwendet wird. Daß der Urmensch bereits solche Boote kannte, bestätigen die im Schwemmland der großen Ströme aller Weltteile gefundenen Reste ausgehöhlter Baumstämme,

die sog. Einbäume. Durch Verbindung mehrerer Baumstämme
entstand das Floß. Die Flößerei hat sich in Ländern mit breiten
Wasserstraßen und industrieller Holzgewinnung insbesondere
für den Holztransport, allerdings in modernisierter Form, bis
heute erhalten. Zu langen Flößen zusammengestellte Stamm-
bündel werden auf dem Wasser von Schleppern bis an den Ort
der weiteren Verarbeitung gebracht. Flöße verwendete man
auch in der Seeschiffahrt, so wurden beispielsweise mit ihrer
Hilfe — wie sich der Ethnograph Thor Heyerdahl durch seine
Seefahrt auf einem aus Stämmen des Balsabaums zusammengesetzten Floß nachzuweisen bemühte — einige Pazifikinseln
mit südamerikanischen Ureinwohnern besiedelt.

Dem Grundprinzip der Flöße aus Baumstämmen entsprechen
aufgeblasene Tierhäute, die, durch ein Holzgerippe miteinander
verbunden, zusammengesetzten Flößen gleichen, wie sie bei den
Völkern Südamerikas und Asiens, unter anderen auf den chinesischen und mesopotamischen Strömen gebräuchlich sind. Zu
den primitiven Wasserfahrzeugen, die sich vom Altertum bis in
unsere Tage erhalten haben, gehören auch die aus Ruten ge-
flochtenen, mit Pech dicht gemachten oder mit einer Tierhaut
bezogenen kreisrunden Guffas aus dem Stromgebiet des Euphrat
und Tigris, ebenso die aus Schilfrohrbündeln bestehenden
Boote, deren Urheimat Ägypten ist und die wir heute z. B. noch
auf dem Tana-See in Abessinien und dem Titicaca-See in Südamerika sehen können. Aus Ruten geflochten sind auch die ova-
len, hautüberzogenen Körbe, wie sie die Ureinwohner der Britischen Inseln kannten und die Fischer in Irland und Wales
noch immer benutzen. Zu den primitiven Wasserfahrzeugen
müssen auch die von den Bewohnern Nordamerikas und Grön-
lands bevorzugten Kanus und Kajaks gerechnet werden, die
über ein Holz- oder Knochengerippe Baumrinde oder Tierhaut
gezogen haben. Sehr alt sind auch die Dschunken, die jahrtausendelang ihre Gestalt unverändert beibehalten haben und wegen ihrer Seetüchtigkeit zu den besten Wasserfahrzeugen Ostasiens, des NW-Teils des Indischen Ozeans und der arabischen
Gewässer gehören.

Die Entwicklung des Schiffbaus und der See- und Flußschiff-
fahrt konzentrierte sich an Orten, die für die kulturelle Entwicklung der Menschheit von Bedeutung sind. Die ältesten
Denkmäler stammen aus dem Mittleren Osten, wo wir an Funden und Ausgrabungen aus dem 5. Jahrtausend v. Chr. den Bau
von Schiffen aus einzelnen Holzteilen an den Flüssen Euphrat,
Tigris und Nil verfolgen können. Die Schiffe hatten einen flachen Boden und wurden durch Ruder oder Paddel angetrieben.
Um das 3. Jahrtausend v. Chr. entstanden im Mittelmeergebiet
die ersten Kielschiffe und um die gleiche Zeit läßt sich die erst-
malige Verwendung von Segeln zum Antrieb von See- und
Flußschiffen nachweisen.

ANTIKE SCHIFFE

ÄGYPTEN

Aus Texten und Skizzen auf Papyri, auf Baudenkmälern und
aus Funden in den Pyramiden wissen wir, daß die ältesten
ägyptischen Wasserfahrzeuge solche Boote waren, die aus Bün-
deln einer bestimmten Schilfart — des Papyrus — hergestellt
wurden. Für den Bau von Holzschiffen stand anfangs nur ört-
liches Material zur Verfügung — Strauchakazien und Sykomo-
ren — das nur kurze Bauteile erlaubte. Die Schiffe waren breit
und flachbodig, den besonderen Gegebenheiten der Nilschiff-
fahrt angepaßt. Sie wurden unter Ausnutzung der Nordwest-
winde gesegelt, auch gerudert und gestakt. Wichtige Elemente
des Schiffrumpfs wie Kiel, Steven und Spanten waren damals
den ägyptischen Schiffbauern nicht bekannt und wurden erst
allmählich entwickelt. Erst seit der Mitte des 3. Jahrtausends
v. Chr. verwendete man zum Bau von Schiffen, insbesondere
von größeren, aus dem Libanon eingeführtes Zedernholz. Diese
Fahrzeuge hatten ein erhöhtes und überhängendes Vorschiff
und ein ebensolches Heck, die sich zur Seeschiffahrt eigneten.
Zum Steuern dienten ein bis drei breite Riemen, die beider-

seits des Hecks lose eingehängt waren. Die Rumpfkonstruktion wurde durch kräftige Taugürtel verstärkt, die die obere Zone der Außenhaut umspannten, da die hölzernen Verbindungen noch unvollkommen waren. Die Schiffe waren manchmal reich verziert, Bug und Heck schloß die beliebte Lotosblume ab. Fortbewegt wurden sie anfangs durch Paddel, später durch Riemen unterstützt durch ein Rahsegel. Das Papyrus- oder Leinwandsegel wurde auf den älteren Fahrzeugen an einem klappbaren Doppelmast gesetzt. Die Fahrzeuge der jüngeren Zeit erhielten einen feststehenden abgestagten Mast, und ein Fall, um das Segel zu setzen oder niederzuholen.

Die ägyptische Seeschiffahrt erreichte ihre Blüte um das Jahr 1500 v. Chr., unter der Herrschaft der Königin Hatschepsut und des Pharaos Thutmose III., und der Entwicklung und Entfaltung der Handelsbeziehungen Ägyptens im Mittelmeerraum. Schiffbauliche Entwicklungen verbesserten die Takelage und, statt der lose eingehängten Riemen wurden an den Heckseiten feste Ruder eingebaut, die über eine Pinne bewegt wurden. Die Schiffe wurden auch militärischen Zwecken angepaßt: die Ruderer wurden durch eine seitliche Beplankung geschützt, an Bug und Heck wurden Plattformen mit Aufbauten bzw. Schutzdächern errichtet, auf der Mastspitze wurde ein Mastkorb angebracht. Diese Entwicklung zeigen die ägyptischen Schiffe auf einem Relief des Amontempels in Medinet Habu bei Theben, das den Kampf im Jahre 1197 v. Chr. unter der Herrschaft Ramses III. im Nildelta mit den eindringenden nordischen Völkerschaften darstellt.

Das Schiffahrtsgebiet der alten Ägypter waren: der Nil, auf dem schon vor 5 000 Jahren Bausteine aus Assuan befördert wurden, ferner das Rote Meer und das östliche Mittelmeer. Ägyptische Handelsschiffe liefen regelmäßig Kreta und Phönizien an. Im 12. Jahrhundert v. Chr. kam es zu einer weiteren Konstruktionsänderung: Das Rahsegel der ägyptischen Schiffe verlor seine untere Rahe und bedeutet in dieser Gestalt eine abgeschlossene Entwicklung, die bis an das Ende der Segelschiffahrt beibehalten wurde.

Im Laufe des 1. Jahrtausends v. Chr. erlernten auch die Nachbarvölker die Kunst des Schiffbaus, von denen vor allem die Phönizier und später die Griechen hervorragende Schiffbauer und Seefahrer wurden, deren Dienste auch die ägyptischen Herrscher in Anspruch nahmen. So schickte z. B. Pharao Necho um die Wende des 6. Jahrhunderts v. Chr. eine von griechischen Schiffbauern erbaute Flotte mit phönizischer Besatzung auf eine Reise; wie der Geschichtsschreiber Herodot berichtete, umsegelten diese Schiffe zum erstenmal Afrika. Zur Entfaltung der ägyptischen Schiffahrt trug auch die Eröffnung eines das Mittelmeer mit dem Roten Meer verbindenden Kanals bei, mit dessen Bau unter der Regierung Ptolemaios II. im Jahre 285 v. Chr. begonnen wurde. Dieser Kanal wurde bis ins 14. Jahrhundert benutzt.

PHÖNIZIEN — ASSYRIEN

Begünstigt durch die Lage ihres Landes wurden die Phönizier ausgezeichnete Seefahrer im gesamten Bereich des Mittelmeers, das sie keineswegs nur zu Raub- oder Eroberungszügen sondern des Handels wegen befuhren. Die nautischen Erfahrungen dürften sie von den Ägyptern und Kretern übernommen haben, über ihre Schiffe blieben — außer Siegelbildern — leider keine näheren Angaben erhalten. Nach Herodots Berichten waren die Phönizier die ersten Seeleute, die regelmäßig die offene See befuhren. Bis dahin hielten sich die Schiffe — auch auf weiten Fahrten — stets in Sichtweite der Küste und fuhren nur bei Tageslicht. Die Kenntnis der Astronomie und die Qualität der phönizischen Schiffe, die einen Kiel, Spantenkonstruktion des Rumpfs und zwei Riemenreihen hatten, ermöglichte es ihnen, weit westwärts bis über die Meerenge von Gibraltar hinaus zu gelangen und zahlreiche Handelskolonien zu gründen, deren bekannteste auf den Inseln Zypern, Rhodos, Malta und Sizilien lagen. Die größte Kolonie an der afrikanischen Küste war Karthago, an der spanischen Küste Cadiz. Von hier aus unternahm im 5. Jahrhundert v. Chr. der karthagische Seefahrer Hannon mit 60 großen Ruderschiffen eine Expedition zur Westküste Afrikas, um hier eine Kolonie zu gründen. Im 1. Jahrtausend v. Chr. waren die Phönizier hier allgemein anerkannte Seefahrer und ihre Flotte übertraf die ägyptische weit an Mannschaftsstärke und Qualität. Die Handelsfahrten der Karthager gingen von Gibraltar auch in nördlicher Richtung bis an die Südküste Englands und in die Nordsee nach dem begehrten Zinn und Bernstein.

Weitere Zeugnisse ihrer Schiffahrt entdeckte man auf dem Boden des heutigen Iraks, im einstigen Babylonien und in Assyrien, deren Machtbereich zu jener Zeit auch Phönizien einschloß. In den Ruinen des Palastes des Assyrierkönigs Sargon II. (um 700 v. Chr.) in Chorsabad fanden sich Reliefs von Transportschiffen — wahrscheinlich phönizischen —, die an Bord und im Schlepptau Holz beförderten, desgleichen von Schiffen aus aufgeblasenen Tierhäuten sowie von aus Bälgen zusammengestellten Flößen. In den Ruinen des Nimrudpalastes im alten Ninive wird die Schiffahrt auf Euphrat und Tigris auf Reliefs dargestellt. Der Kiel dieser Fahrzeuge endet am Bug in einer mächtigen vorragenden Ramme. Der Antrieb erfolgte durch Ruder, bzw. durch ein viereckiges Rahsegel. Zu beiden Seiten des Hecks sind Steuerruder eingehängt. Die Ruderer sind durch eine Seitenbeplankung, die auf dem Oberdeck befindlichen Krieger durch runde Schilde geschützt.

GRIECHENLAND

Die Erfahrungen der Phönizier sowie der Bewohner der ägäischen Inseln auf dem Gebiet der Schiffahrt und des Schiffbaus wurden von den Griechen übernommen, denen die Küste des Peloponnes, der vielen Inseln sowie Kleinasiens zahlreiche gute Häfen und Ankerplätze bot. Seit dem 8. Jahrhundert v. Chr. begannen die Griechen aus den bisher von ihnen bewohnten übervölkerten Gebieten auszuwandern und längs des ganzen

Mittelmeers Kolonien zu gründen. Ihre Schiffe, deren Gestalt wir von keramischen Erzeugnissen, Mosaiken und Reliefs sowie aus schriftlichen Denkmälern kennen, waren ursprünglich (etwa im 11. Jahrhundert v. Chr.) offen, hatten einen flachen Boden und ließen sich leicht ans Ufer ziehen. Bug und Heck waren bauchig, den Hintersteven schloß ein geschnitzter Federschopf, den Vorsteven ein Vogelkopf ab.

Die späteren Fahrzeuge waren, da die Schiffszimmerei Fortschritte gemacht hatte, bereits mit Decks versehen, der Eichenkiel lief am Bug in einen langen Schnabel aus, die anderen Schiffsteile bestanden meistens aus Fichtenholz. Die einzelnen Platten der Außenhaut waren durch flache Holzkeile verbunden. Da man weiches Holz verwendete, war die Lebensdauer der Schiffe nur kurz. Die griechischen Schiffe bewährten sich nicht nur als Kriegsschiffe, z. B. bei der Niederlage der Perser in der Schlacht bei Salamis (480 v. Chr.), sondern auch als Transportschiffe, z. B. bei der Indienfahrt Alexanders des Großen, unter dessen Herrschaft die griechische Seemacht einen gewaltigen Aufschwung erlebte.

Aus den erhalten gebliebenen Darstellungen vielfacher Art läßt sich die Gestalt der griechischen Schiffe ziemlich genau rekonstruieren.

Das Verhältnis der Länge zur Breite betrug bis 7 : 1, bei den Frachtschiffen 3 : 1. Die Frachtschiffe trugen Segel, in der Regel ein viereckiges Rahsegel an dem auf etwa mittlere Länge feststehenden Mast, später auch ein kleineres Rahsegel an einem nach vorn geneigten Mast im Vorschiff. Auch die Kriegsschiffe hatten meistens ein viereckiges Segel, das jedoch nur bei größeren Fahrten verwendet wurde; bei Fahrten entlang der Küste und beim Manövrieren in Seeschlachten wurde der Mast gelegt und oft wegen Platzmangels am Ufer gelassen. Die Zahl der Riemenreihen wurde nach und nach immer weiter erhöht, nach ungewissen Angaben bis zu 5 Reihen übereinander bei den Penteren. Die Länge der griechischen Schiffe betrug bis zu 35 m, die Breite 12 m, mit Rundgang und Auslegern für die Riemen, die Seitenhöhe 5 m. Die Schiffe waren bereits mit

Eisenankern mit Holzschaft ausgerüstet und auch die noch immer breiten, seitlich eingehängten Steuerruder waren zur besseren Handhabung mit Pinnen versehen. Zur Sicherung der Schiffahrt wurden an weithin sichtbaren Stellen der Küste Leuchttürme errichtet.

Mit den griechischen Schiffen hatte der antike Schiffbau im Mittelmeerraum seinen Höhepunkt erreicht. Eine weitere Entwicklung verhinderte der damalige Stand der Segel- und Steuertechnik sowie die Größenverhältnisse der damaligen Häfen. Nach Plutarch ließ angeblich König Hieron von Syrakus als Geschenk für den ägyptischen Pharao Ptolemaios II. ein als „zwanzigreihiges Ruderschiff" bezeichnetes Schiff bauen. Sein Baumeister war Archimedes und das Schiff hatte angeblich eine Wasserverdrängung von 6 000 t, drei Decks, einen Tempel, einen Sportplatz, Bäder, Gärten, eine Bildergalerie, Ställe usw. sowie eine reiche Ausschmückung. Es wurde „Syrakusia" genannt und fuhr reichbeladen nach Alexandria, das den einzigen für ein so großes Schiff geeigneten Hafen besaß. Über sein weiteres Schicksal sagen die Berichte jedoch nichts aus.

ROM

Als vorwiegend Ackerbau treibendes Volk zeigten die Römer lange Zeit kein Interesse für die Schiffahrt. Die spärlich gegliederte Küste gewährte ihnen keine geeigneten Häfen, der bekannte Hafen Ostia war häufig versandet und wurde fast ausschließlich von fremden Schiffen angelaufen. Der Kampf um das Meer entbrannte erst im 3. Jahrhundert v. Chr. mit dem Zwist zwischen Rom und Karthago um den Besitz der Insel Sizilien. Seit dem 7. Jahrhundert bildete im westlichen Mittelmeergebiet Karthago den Mittelpunkt des Handels und der Kultur. Die Römer schufen eine mächtige, vorwiegend aus Penteren bestehende Flotte, die nach dem Vorbild einer zufällig gekaperten karthagischen Pentere gebaut waren. Aus dem Landkrieg übernahmen die Schiffe Fallbrücken zum Entern feindlicher Fahrzeuge. Aus dem Vorbild der Landkriegsmittel entstanden auch die mit Wurfmaschinen ausgestatteten turmartigen Aufbauten. Mit dieser Technik gelang den Römern in der Schlacht bei Mylae (260 v. Chr.) der Sieg über die Karthager. Die Oberherrschaft über das ganze Mittelmeer errang Rom erst im 3. Punischen Krieg mit der Zerstörung Karthagos im Jahre 146 v. Chr.

Nach der Niederwerfung Karthagos benötigte Rom keine großen Kriegsschiffe mehr und zum häufigsten Schiffstyp des Mittelmeers wurde die wieder nach griechischen und karthagischen Vorbildern gebaute Triere. Sie war viel größer, aber auch bauchiger. Der Aufschwung des Seehandels und der Niedergang der römischen Seemacht führten zur Entstehung der Seeräuberei, die im 1. Jahrhundert v. Chr. derartige Ausmaße erreichte, daß die laufende Versorgung Roms bedroht war. Doch auch damit wurden die Römer im Laufe des Jahres 67 v. Chr. fertig, insbesondere mit Hilfe eines neuen Typs schneller Kriegsschiffe, der sog. Liburnen, die nach dem Muster der dalmatinischen Piratenschiffe gebaut waren, schlanke, leichte, meist einreihige, manövrierfähige Ruderfahrzeuge mit einem viereckigen Rahsegel. Außer mit der Ramme waren die Liburnen noch mit Wurfmaschinen ausgerüstet.

Die leichten Liburnen bestanden in der Schlacht bei Actium (31 v. Chr.) eine weitere Bewährungsprobe; sie bildeten den Kern der oktavianischen Flotte, dem die überwiegend aus schweren mehrreihigen Schiffen bestehende Flotte Antonius' und Kleopatras gegenüber stand.

Je weiter sich das römische Imperium ausdehnte, desto größer wurde auch die Bedeutung der Schiffahrt. Rom führte aus den umliegenden Ländern und Inseln zahlreiche Produkte ein: Getreide, Vieh, Fleisch, Obst, Öl, Wein, Stoffe, Schmuck, Baumaterial usw. Den Gütertransport auf kürzere Entfernung besorgten kleinere Handelsschiffe.

Der internationale Handel wurde zur Quelle des römischen Wohlstands und umfaßte die ganze damalige Welt von China bis zur Nordsee, von Gallien bis zum Schwarzen Meer. Immer neue Häfen wurden gebaut und die bestehenden erweitert, regelmäßige Seeverbindungen mit den römischen Provinzen eingeführt; die Reeder waren geschätzte Persönlichkeiten und bildeten eine privilegierte Bevölkerungsschicht. Wenn die Römer auch keinen besonderen eigenständigen Beitrag zur Entwicklung des Schiffbaus geleistet haben, waren sie dennoch hervorragende Seefahrer, Organisatoren der Schiffahrt und Kolonisatoren. Sie machten sich daher nicht nur um die Entfaltung der Seeschiffahrt, sondern auch um die Einführung der Flußschiffahrt auf dem Rhein, der Rhône und der Donau verdient.

BYZANZ

Nach dem Sturz des römischen Reiches (476 n. Chr.) wurden die Araber aus dem nordafrikanischen und pyrenäischen Raum mehr und mehr zu den Herren des westlichen Mittelmeers, während sich im östlichen Mittelmeer die Seemacht des Oströmischen (Byzantinischen) Reiches erhielt und ausdehnte. Das Handels- und Kulturzentrum war das von griechischen Ansiedlern 657 v. Chr. gegründete Konstantinopel. Während der Typ der Handelsschiffe lange Zeit im Grunde unverändert blieb, erzwang der ständige Kampf mit den vordringenden Sarazenen und den die Südküste des Mittelmeers beherrschenden Piraten eine Reform der Kriegsschiffstypen. Die Kriegstrieren sowie die leichten und schnellen Liburnen wurden von einem neuen Typ, den sog. Dromonen abgelöst; es handelte sich um schlanke, schnelle Schiffe mit zwei Riemenreihen (25 Ruderer je Reihe) im Rumpf. An Bug und Heck trugen sie zwei, später drei bis vier Maste mit dreieckigen Lateinsegeln. Die Maste waren als Klappmaste ausgebildet, blieben jedoch dauernd an Bord, die Seiten gedeckt, das Kielschwein lief am Bug in einer Ramme aus; die wirksamste Waffe jedoch wurde das sog. „griechische Feuer": ein Gemisch aus Erdöl, Schwefel, Salpeter und Harz, das mit Katapulten vom Bug und vom

Turm auf die feindlichen Fahrzeuge geschleudert wurde. Diese Erfindung ermöglichte es dem Byzantinischen Reich, seine beherrschende Stellung als Seemacht bis ins 12. Jahrhundert aufrechtzuhalten, als es von den italienischen Stadtstaaten Genua und Venedig abgelöst wurde. Es gab verschiedene „Klassen" von Dromonen, doch lag der Unterschied nur in der Zahl der Ruderer an den einzelnen Riemen. Die Zahl der Riemen blieb immer gleich, ebenso die Länge der Schiffe mit annähernd 42 m. Was die Geschwindigkeit betrifft, glichen die Dromonen ihren Vorläufern, den Liburnen, der Kampfkraft nach aber den antiken Linienschiffen. Neben den Dromonen behaupteten sich als kleinere Kriegsschiffe die Pamphilen und Galeeren mit einer Riemenreihe und einem Lateinsegel.

MITTELALTERLICHE SCHIFFE

DIE WIKINGER

Felszeichnungen aus der Bronzezeit in Ostergotland in Südschweden beweisen, daß die Anwohner der Küste schon in der Zeit vor Christi die Kunst des Schiffbaus und der Schiffahrt beherrschten, und zwar auf einem Meer, das stürmischer war als das Mittelmeer. Zum Unterschied von den Mittelmeertypen waren die Schiffe der skandinavischen Seefahrer früh besegelt, was zur Annahme berechtigt, daß die Seeleute bereits zu kreuzen verstanden. Mit den nordischen Seefahrern kamen auf ihren großen Reisen in den ersten Jahren v. Chr. auch die Römer mit ihren schweren Ruderschiffen in Kontakt. Lange konnten sie ihre vorherrschende Kriegstaktik — das Rammen feindlicher Schiffe mit der Ramme am Vorsteven — nicht anwenden, da dieser Akt gegen die aus Eichenholz bestehende Außenhaut der nordischen Fahrzeuge meist erfolglos blieb. Erst die Beschädigung der Takelage und der Segel machten den

Gegner manövrierunfähig und konnten zu seiner Niederlage führen. Die Hauptzeit der Entfaltung der nordischen Seeschiff-fahrt ist das 5.—11. Jahrhundert, als die Wikinger, die germanischen Vorfahren der heutigen Skandinavier, die Küstenstriche Nordeuropas beherrschten. Sie drangen in die Ostsee und — auf den Flüßen — bis tief nach Rußland ein, wo die Stämme der Ruriker Moskau gründeten. Sie eroberten und kolonisierten England, entdeckten Island und Grönland und ließen sich dort nieder: um das Jahr 1000 landeten sie in Nordamerika im Bereich des heutigen Neufundland, das sie Vinland nannten. Ihre Schiffe unterschieden sich wesentlich von denen des Mittelmeers. Sie waren schlank, ihre Spanten wurden erst nach der in Klinkerbauart verlegten Außenhaut eingelegt, Bug und Heck waren fast gleich geformt. Antriebsmittel waren sowohl ein Rahsegel aus Haut, auch aus Leinen oder eine Ruderreihe. Die Ruderschiffe wurden vorwiegend in der Küstenschiffahrt verwendet. Die Kriegsschiffe waren bis 46 m lang und hatten bis zu 30 Riemen an einer Seite. Man nannte sie „Langschiffe". Die Frachtschiffe waren bauchiger, gegen 20 m lang und 5 m breit. Zum Unterschied von den Kriegs-schiffen trugen sie einen festen Mast.

DAS MITTELMEER

Die Kreuzzüge vom 11. bis ins 13. Jahrhundert übten einen bedeutenden Einfluß auf die Entwicklung der Schiffahrt und des Schiffbaus aus. In ganz Westeuropa, insbesondere im Mittelmeerraum, nahm damals die Bedeutung der Städte als Folge der Entfaltung des Handels und des Handwerks immer mehr zu. Venedig wurde im 13. Jahrhundert zur reichsten Stadt Europas und beherrschte den Handel im ganzen Mittelmeerraum. Der damals gebräuchliche Schiffstyp war die Rudergaleere, ein Nachfahre der griechischen Trieren, der dalmatinischen Liburnen und der byzantinischen Dromonen, mit Lateinsegeln und einem mächtigen Steuerapparat. Die Segelschiffe der kleinen

Fahrt sahen den zur römischen Zeit gebräuchlichen Fahrzeugen sehr ähnlich mit dem Unterschied, daß die viereckigen Segel unter byzantinischem Einfluß durch Lateinsegel ersetzt wurden. Für die Kreuzzüge erwies es sich als notwendig, diese Schiffe dem Transport einer großen Zahl von Menschen, Pferden und Vorräten anzupassen. Bug und Heck unterschieden sich zunächst nicht allzusehr voneinander, doch wurden die Fahrzeuge völliger und größer. Nach erhalten gebliebenen Handelsurkunden aus der Mitte des 13. Jahrhunderts betrug die Länge in der Konstruktionswasserlinie bis zu 31,5 m bei einer größten Breite am Hauptspant von 14,3 m. An Bug und Heck entstanden aus einfachen Plattformen mit Reling häufig mehrstufige Aufbauten, die sogenannten Kastelle, ähnlich den Turmaufbauten auf den antiken Kriegsschiffen. Die Kastelle überragten jedoch den Umriß des Schiffes. Die Seitenhöhe vom Kiel zum Deck des obersten Kastells erreichte bis 13 m, der Tiefgang betrug etwa 6 m. Das Bugkastell verjüngte sich in Richtung zum Bug und entwickelte sich zum Galion, dem charakteristischen Merkmal der Segelschiffe des 16. und 17. Jahrhunderts. Die Kastelle dienten als Unterkunftsräume für den Schiffskommandanten, die Besatzung, die Fahrgäste und die Truppen. Im Unterdeck waren die Tiere und die Vorräte untergebracht. Zum Verladen der Pferde gab es an der Seite des Schiffs häufig eine Einstiegöffnung mit Falldeckel. Die Seiten der Fahrzeuge waren mit einem Schanzkleid versehen, eine voll mit Holz ausgekleidete Reling mit Schießscharten und eingehängten Adelswappen. Die größeren Schiffe hatten auch längs der Seiten am Oberdeck einen zusammenhängenden Laufgang rings um das ganze Schiff. Die Schiffe wurden auf Spanten gebaut, den Bug verlängerte ein kurzes Bugspriet. Fast mittschiffs stand der Großmast, auf dessen Topp der bereits allgemein übliche Korb gebaut wurde. Das Schiff wurde durch ein oder zwei Riemen gesteuert, die aus den Heckseiten vorragten und vom Heckkastell aus bedient wurden. Diese Schiffe wurden nef, nave, nao genannt. Ende des 12. Jahrhunderts gehörte bereits das ganze Mittelmeer wieder der christlichen Schiffahrt. Die Kreuzzüge trugen zur Erneuerung der Handelsverbindung zwischen den Mittelmeerländern und den Nordseegebieten bei. In Friedenszeiten zogen Pilger aus ganz Europa auf dem Wasserwege ins Heilige Land und aus den Ländern des Nahen Ostens wurden orientalische Luxuswaren herangebracht, mit denen die Märkte der europäischen Städte bereichert wurden. Im 13.—15. Jahrhundert kam es zu einem weiteren Aufschwung der Schiffahrt und damit zu einer Weiterentwicklung der Fahrzeuge. Das Lateinsegel am Großmast wurde durch ein großes Rahsegel ersetzt. Im 13. Jahrhundert kam bei größeren Schiffen achtern ein zweiter Mast, der Besanmast, mit einem Lateinsegel (sog. Besan) hinzu, das zusammen mit dem am Achtersteven angebrachten Ruder eine bessere Manövrierfähigkeit ermöglichte. Diese Konstruktion des Heckruders war in der zweiten Hälfte des 13. Jahrhunderts vom Atlantischen Ozean her auch in den Mittelmeerraum eingedrungen und verbreitete sich sehr rasch. Mitte des 15. Jahrhunderts erschien auch ein dritter Mast im Vorschiff, der nach vorn geneigt war und an dem ein kleines Rahsegel (sog. Fock) gefahren wird. Zu dieser Zeit wurden auch die Hilfsmittel der Navigation verbessert und mehr Allgemeingut der Seefahrt. Bis dahin waren nur erfahrene Seeleute imstande gewesen, größere Strecken durch die Orientierung nach den Himmelskörpern zu befahren, bei Tag nach der Sonne, bei Nacht nach bekannten Sternen. Im 12. Jahrhundert wurde auch im Mittelmeer der Kompaß bekannt, dessen Ursprung in China, im 3. Jahrhundert n. Chr. zu suchen ist und den die arabischen Seefahrer schon im 9. Jahrhundert benutzt hatten. Im 15. Jahrhundert paßten die Portugiesen das Astrolabium, bis dahin ein Instrument der Astronomie, den maritimen Zwecken an. Die Küstenschiffahrt entwickelte sich so zur Seeschiffahrt. Maßgeblich war die Gründung der Navigationsschule in Sagres auf Weisung des portugiesischen Prinzen Heinrich des Seefahrers. Auf seinen Befehl wurden die ersten planmäßigen Entdeckungsreisen zu den Küsten Afrikas unternommen. Der Schwerpunkt der Seeschiffahrt und der Entdeckungsreisen wurde der Atlantische Ozean.

NORD- UND OSTSEE

Die Entwicklung der Mittelmeerschiffahrt wirkte sich auch in Nordwesteuropa aus. Im 11. und 12. Jahrhundert konzentrierte sie sich anfänglich im Gebiet der Nordsee, was mit der wachsenden Bedeutung der friesischen und flandrischen Hafenstädte und der binnenländischen Städte am Rhein und in Sachsen zusammenhing. Der Mittelpunkt für den Handel mit England wurde Brügge, das Haupthandelszentrum am Rhein war die Stadt Köln, die für die damaligen Seeschiffe noch erreichbar war. Die gebräuchlichen Typen der damals verwendeten Fahrzeuge waren den Schiffen der Wikinger und Normannen ähnliche, aber völligere, dem Frachtverkehr besser angepaßte Schiffe. Später trat an ihre Stelle ein noch völligerer Fahrzeugtyp, der vielfach im friesischen Inselgebiet in der Küstenschiffahrt verwendet wurde. Gegenüber den Schiffen des Mittelmeerraums waren diese Schiffe stärker gebaut, entsprechend den härteren Schiffahrtsbedingungen dieser Gewässer. Die Außenhaut war geklinkert, der sehr starke Kiel ging in einen hochgezogenen Vorsteven über. Die Schiffe hatten ein durchlaufendes Deck und mittschiffs einen hohen Mast mit einem Rahsegel. Diesen friesischen Schiffen ähnlich war der Flußschifftyp vom Niederrhein und von der Maas, der sog. Hulk, der vorwiegend für den Transport von Wein und Getreide verwendet wurde.

In der Mitte des 13. Jahrhunderts erschien, wie zahlreiche Stadtsiegel und Baureliefs belegen, gleichzeitig mit einer Umgestaltung der Plattformen an Bug und Heck, der Vorstufe der späteren Kastelle, das Heckruder mit Pinne. Die bisher gleiche Form von Bug und Heck wird unterschiedlich. Der Bug erhält eine löffelförmige Gestalt, das Heck hat einen geraden Steven, ist dem Heckruder angepaßt und trägt einen mächtigen Aufbau — Kastell. Dieser Schiffstyp erhielt seinen Namen „Kogge" nach den Weinfässern, die zu den Hauptladungen gehörten.

Am Beginn des 14. Jahrhunderts drangen die Koggen auch ins Mittelmeer vor, wo sie allmählich die großen Transportschiffe der Kreuzfahrer ablösten. Die Koggen erhielten achtern einen

weiteren Mast mit Lateinsegel, später noch einen dritten im
Vorschiff mit einem kleineren Rahsegel. Sie wurden zum gebräuchlichsten Schiffstyp des 14.–16. Jahrhunderts, insbesondere im Bereich des Atlantik, der Nord- und der Ostsee, von
wo sie auf ihren Handelsfahrten flußaufwärts bis nach Mittel-
rußland (Nowgorod) gelangten.

Der gewaltige Aufschwung der Handelsschiffahrt in diesem Gebiet führte 1241 zum Zusammenschluß der Küstenstädte in der
sog. Hanse, die bis zur Mitte des 17. Jahrhunderts bestand.
Während dieser Zeit vereinigte sie alle bekannten Hafenstädte
im Bereich der Nord- und Ostsee sowie wichtige Städte des
Binnenlands. Zu den bekanntesten Hansestädten gehörten Bremen, Hamburg, Bergen, Lübeck, Danzig, Wismar und Stral-
sund. Die Hansekoggen wurden in beiden Seegebieten zum
allgemeinen Transporter und bewährten sich ebenso im Atlantik wie im Mittelmeer. Die Hauptzentren des Koggenbaus waren die Hansestädte Lübeck und Wismar, wo sich auch die Bezeichnung Kogge am längsten erhielt.

NEUZEITLICHE SCHIFFE

ZEIT DER ENTDECKUNGSFAHRTEN

Über die günstigen Bedingungen für Entdeckungsfahrten verfügten die Staaten der Pyrenäenhalbinsel, um die herum die
nordischen Koggen ins Mittelmeer und die Nefs des Mittelmeers in den Atlantik und in die Nordsee fuhren. Zwangsläufig
entstand ein nautischer und schiffbaulicher Erfahrungsaustausch.
Die Entdeckungsreisen hatten zunächst das Ziel, einen kürzeren
und sichereren Weg zum Reichtum Indiens, der Sundainseln
und des Fernen Ostens zu finden. Während die Reisen der
portugiesischen Seefahrer das Ziel durch die Umsegelung Afrikas zu erreichen hofften, wobei Bartholomäus Diaz 1487 das

Kap der Guten Hoffnung erreichte und im Jahre 1498 Vasco da Gama (1469—1524) bis nach Kalkutta gelangte, um nach 26 Monaten wieder heimzukehren, glaubten die Spanier mit den Entdeckungsreisen des Christoph Kolumbus (1451—1506), eines gebürtigen Genuesers, mit den Schiffen „Santa Maria", „Pinta" und „Nina" das Ziel auf westlichem Kurs zu erreichen. Die Spanier kolonisierten nach und nach die Inseln im Karibischen Meer und die benachbarte Küste Westindiens, entdeckten Mexiko, überwanden zu Pferd die Landenge von Panama, erreichten die Küste des Stillen Ozeans und hatten somit einen neuen Kontinent — Amerika — entdeckt. Er wurde nach dem Florentiner Amerigo Vespucci benannt, der in portugiesischen Diensten über die Ostküste Nordamerikas berichtet hatte. Die größte Fahrt in westlicher Richtung unternahm jedoch in den Jahren 1519 bis 1521 Fernando Magalhães (1480—1521), ein portugiesischer Edelmann in Diensten des spanischen Königs Karl V. Sein Projekt gründete er angeblich auf eine Land- und Seekarte Martin Behaims, auf der eine mögliche Durchfahrt durch Südamerika in den südlichen Breiten eingezeichnet war. Mit fünf wohlausgerüsteten und bewaffneten Schiffen segelte er entlang der südamerikanischen Küste bis er die nach ihm benannte Magalhãesstraße fand, durchquerte den Stillen Ozean bis zu den Molukken, dem Ziel seiner Reise, wo er bei einem Angriff der Eingeborenen getötet wurde. Der Rest der Expedition kehrte erst im August 1522 mit nur einem Schiff nach Sevilla zurück. Diese und weitere Fahrten führten zur Gründung der Kolonialreiche Portugals in Afrika und Ostasien und Spaniens in Amerika und Asien (Philippinen). Das portugiesische Lissabon und das spanische Sevilla wurden die neuen Zentren des Seehandels.

Die Fahrzeuge der ersten „Konquistadoren" — Eroberer und Kolonisten — die Karavellen, waren seefähige und manövrierfähige kleine Einmaster mit Lateinsegel. Die Karavellen des 16. Jahrhunderts waren Schiffe von relativ schlanker Form mit zwei oder drei Masten mit Latein- und Rahsegeln, einem Heck mit langgezogenem Kastell, gleichfalls relativ schnell und wendig, sie hatten einen verhältnismäßig geringen Tiefgang und eine Tragfähigkeit bis zu 400 Tonnen. Die kleineren Fahrzeuge, zu denen auch die Schiffe des Kolumbus „Pinta" und „Nina" gehörten, fuhren Lateinsegel und erinnerten in ihrer Form und Takelung an die von den Küstenvölkern im Mittelmeer vielfach verwendeten *Schebecken*. Die nicht allzu großen Schiffe von bauchiger Form, mit einem Großmast, der gewöhnlich ein Rahsegel, manchmal auch noch ein Marssegel darüber trug, und einem Besanmast mit Lateinsegel, nannte man „nao". Diese Bezeichnung trug auch das Flaggschiff des Kolumbus, die „Santa Maria".

Die Entwicklung der Fahrzeuge ging Hand in Hand mit dem weiteren Aufschwung der Schiffahrt, durch den die zahlreichen Siege der Rhodiser- und Malteserritter über die Piraten und Türken ermöglicht und schließlich die Niederlage der türkischen Flotte bei Lepanto (1571) durch die verbündete christliche Flotte unter dem Befehl von Juan d'Austria besiegelt wurden. Im Mittelmeer, insbesondere im venezianischen Einflußbereich, war der vorherrschende Kriegsschiffstyp noch die Galeere mit einer Riemenreihe, mit mehreren Ruderern an einem Riemen, 3—4 mit Lateinsegeln versehenen Masten und im Vorschiff aufgestellten Kanonen. Die Endstufe der Mittelmeergaleeren waren die sog. *Galeassen*, bei denen der flache, langgezogene Bug der Galeeren durch einen bauchigen Bug mit Galion ersetzt wurde, Bug wie Heck trugen verhältnismäßig niedrige Kastelle. Der Antrieb durch eine Riemenreihe mit je zwei Ruderern und durch drei Lateinsegel blieb bestehen. Die Galeassen führten auf beiden Seiten Geschütze in Batterien und hielten sich in der französischen Kriegsflotte sowie in der Flotte der italienischen Stadtstaaten bis ins 18. Jahrhundert.

Der vorherrschende Typ der Handelsschiffe in der zweiten Hälfte des 15. und im 16. Jahrhundert war die *Karacke*, die im Mittelmeerraum im Machtbereich der venezianischen Republik durch eine Umgestaltung der nordischen Kogge für große Fahrten entstand. Sie wurde bald zum bevorzugten Schiffstyp der spanischen Kolonisten bei ihren Amerikafahrten. Die Karacken waren größer als die Koggen, hatten mehr Decks sowie große und hohe Bug- und Heckkastelle, um möglichst viele Fahrgäste aufnehmen zu können und gleichzeitig ihre Kampfkraft zu erhöhen. Vorwiegend waren es Dreimaster, mit je zwei Rahsegeln an jedem Mast. Seit der Mitte des 15. Jahrhunderts war auch das aus dem Bug vorragende schiefe kurze Bugspriet mit einem kleinen, viereckigen Segel (sog. Blinde) ausgestattet.

Die Karacken dienten nicht nur als Handelsfahrzeuge, denn zu ihrer Ausrüstung gehörten auch mehrere Geschütze an jeder Seite, auf dem Oberdeck und dem Heckkastell. Diese Schiffe führten schon Beiboote mit, die mittschiffs auf dem Oberdeck untergebracht waren. Zum Bedienen der Segel dienten bereits allgemein Taljen sowie auch Jungfernblöcke und Taljenreeps zum Wantenspannen. Die Anker — je einer an jeder Seite — hingen in Kranbalken. Auf Grund ihrer Seefähigkeit und ihrer ökonomischen Vorzüge wurden die Karacken auch im Atlantik- und im Nordseegebiet rasch ein beliebtes Schiff. Zu den Rahsegeln an Groß- und Fockmast kamen Marssegel hinzu, die eine leichtere Manövrierfähigkeit der Schiffe gewährleisteten.

Die Karacken sind ihrer Besegelung nach Vorläufer der späteren Vollschiffe und schufen die Vorbedingungen für die Beherrschung der Weltmeere. Dazu kamen bessere Navigationskenntnisse und einige nautische Hilfsmittel, wie der Jakobsstab zur Messung von Gestirnhöhen, das Log zur Geschwindigkeitsmessung, die Sanduhr sowie die immer häufiger benutzten, wenn auch noch sehr unvollkommenen Seekarten.

DER KAMPF UM DIE SEEHERRSCHAFT

Zu jener Zeit hatte England noch kein Interesse für Entdeckungsfahrten. Nur die englischen Kaufleute empfanden es bitter, daß ihr Handel vorwiegend auf die europäischen Küsten beschränkt war und ihnen die Beteiligung an den einträglichen Geschäften mit den neuen Handelsplätzen im Fernen Osten und in Amerika, in die sich Spanien und Portugal geteilt hatten, durch verschiedene Erlässe und Bullen untersagt war. Eine Ausnahme bildete die Entdeckungsfahrt John Cabots und seiner drei Söhne unter König Heinrich VII. (1457—1509), deren Ziel die Nordküste Amerikas war und England Labrador, Neufundland und die Küste Neu-Englands e nbrachte.

Erst König Heinrich VIII. (1491—1547) wurde sich der Bedeutung einer starken Flotte für die Erhaltung seines Reiches bewußt und baute zu Beginn des 16. Jahrhunderts eine Flotte auf, die sehr rasch auch im atlantischen Bereich zu einer Macht wurde. Er erwarb die Schiffe vorwiegend durch Kauf, ließ sie aber auch im Lande bauen. Sein Flaggschiff war die viermastige Karacke „Henry Grâce à Dieu“, die 1514 vollendet wurde. Obwohl Heinrich VIII. als „Vater der Royal Navy“ bezeichnet wird, war er zu stark mit inneren Problemen beschäftigt, um den Forschungsreisen die gebührende Beachtung schenken zu können. Unter seinem Nachfolger waren die Fahrten der englischen Seefahrer auf die Suche nach der nordwestlichen Passage nach „Kitai“ gerichtet, nachdem J. Cabot bei seiner Heimkehr dessen Existenz glaubwürdig begründet hatte.

Eine grundsätzliche Wandlung der britischen Seepolitik brachte erst die Regierung Elisabeths I. (1533—1603). Nach den Erfahrungen der Handelsfahrten und den Konflikten mit spanischen Schiffen, befahl Elisabeth, unterstützt von ihren Beratern, von denen namentlich Sir John Hawkins, später Schatzmeister der Royal Navy, und Francis Drake berühmt wurden, in der zweiten Hälfte des 16. Jahrhunderts den Aufbau einer mächtigen Flotte. Ihre Grundlage bildeten *Galeonen*, größere Schiffe als die Karacken, meist Drei- oder Viermaster mit Rahsegeln und einem weiteren Rahsegel am Bugspriet. Ein anderes Merkmal der Galeonen war das Spiegelheck, auf dem das Heckkastell mit mehreren Decks und Galerien thronte. Die Verzierungen der Kastelle und Galerien beweisen die hochentwickelte Holzschnitzkunst jener Zeit. Mit besonderer Sorgfalt wurde namentlich das Heck gearbeitet, wo die Offiziere untergebracht waren und sich auch der Kommandostand befand. Ein weiteres Kennzeichen der Galeonen war das sog. Galion, ein spitzer, scharfer Vorbau, der den Vorsteven vor dem Bugkastell abschloß. Auch die Galione waren in der Regel mit Schnitzwerk, später auch mit einer Figur, die gewöhnlich den Namen des Schiffes versinnbildlichte, oder mit einem Wappen geschmückt. Elisabeths Flotte schlug 1588 die spanische Flotte, die sog. Armada, die Spanien ausgesandt hatte, um sich durch eine Invasion in England für die Überfälle der englischen Korsaren im Karibischen Meer zu rächen. Die Niederlage der Armada wurde vor allem durch die Unkenntnis der englischen Küstengewässer und durch schwere Stürme auf der Rückfahrt verursacht. Nur die Hälfte aller ausgelaufenen Schiffe kehrte in ihre Heimathäfen zurück. Kommandant der englischen Flotte war Lord Howard, sein Vertreter Francis Drake auf dem Schiff „Revenge", der seine Laufbahn als Korsar in Königin Elisabeths Diensten begonnen hatte. In den Jahren 1577—1580 unternahm Drake mit 5 Schiffen eine Weltumsegelung, von der er nach 34 Monaten mit reicher Beute auf seinem Schiff „Golden Hind" zurückkehrte. Für seine Verdienste um die britische Seefahrt wurde er in den Adelsstand erhoben.

Nach der Niederlage der Armada verlagerte sich das Schwergewicht des Seehandels und der kolonialistischen Bestrebungen nach England. Berühmte Seefahrer jener Zeit waren Sir Walter Raleigh, Sir Humphrey Gilbert, Kapitän John Smith und weitere. Zu dieser Zeit kam auch der Sklavenhandel auf, den John Hawkins mit seinem Schiff „Jesus of Lübeck" in der zweiten Hälfte des 16. Jahrhunderts einleitete. In kurzen Abständen folgten weitere Entdeckungsfahrten auch anderer Völker und die Gründung neuer Kolonien. 1620 erreichten die britischen „Pilgerväter" mit dem Schiff „Mayflower", dessen Tragfähigkeit nur 180 t betrug, die amerikanische Küste im heutigen Massachusets und errichteten dort die erste Puritanersiedlung Neu-Englands.

Im Jahre 1600 wurde von englischen Kaufleuten die Ostindische Kompanie gegründet, die ihre Tätigkeit auf Indien konzentrierte und einen großen Beitrag zu den Kolonisationsbestrebungen der Regierung leistete. Den Bedürfnissen der Schifffahrt und der Seekriegsführung wurden auch die neuen Schiffe angepaßt. Sie erhielten eine schlankere Form, wurden niedriger, das Vorschiff einfacher, um Raum für die Deckkanonen zu schaffen, und auch der Heckaufbau wurde niedriger, wobei allerdings seine Ausschmückung sowie das Schnitzwerk der Galerien immer üppiger und kostbarer wurde. Der vierte Mast mit dem Lateinsegel fiel weg. Die Zahl der viereckigen Segel nahm zu (bis zu vier an jedem Mast) und das Lateinsegel blieb nur am dritten Mast bestehen. Die Maste werden im Hinblick auf ihre große Höhe zwei- bzw. dreiteilig, am Bugspriet wurde allgemein ein viereckiges Segel (Blinde) gesetzt. Oft wurde auf das Ende des Bugspriets noch ein kurzer Mast mit einem weiteren Rahsegel (Oberblinde) gesetzt. Decks und Kanonen nahmen an Zahl zu und im Laufe der ersten Hälfte des 17. Jahrhunderts verwandelte sich die Galeone in einen mit ungefähr 100 Kanonen bestückten Dreimaster mit Rahsegeln. Diese Entwicklungsperiode repräsentierte der englische Dreidecker „Sovereign of the Seas" aus dem Jahre 1637.

Zu den Staaten, die sich um einen Anteil am Seehandel bemühten, gesellte sich Holland als weiterer Partner. Die Holländer führten zu dieser Zeit zu Lande einen ungleichen Kampf gegen die spanischen Expeditionstruppen, zu Wasser griffen sie, von ihren Stützpunkten an der englischen Küste aus, die spanischen Galeonen an. Die Niederlage der „unüberwindlichen Armada" hatte am Beginn des 17. Jahrhunderts die endgültige Lostrennung der von Protestanten besiedelten Nordprovinzen Hollands von der spanischen Krone zur Folge. Die ersten Handelsfahrten der Holländer führten in nördliche Richtung. Nach dem Scheitern der Expedition des Seefahrers Barents wandten sie sich dann nach Süden. Mit Hilfe portugiesischer Seekarten gelang es Holland schon Ende des 16. Jahrhunderts erfolgreiche Expeditionen nach Indien zu verwirklichen. Holländischen Seefahrern glückte auch die Umsegelung Südamerikas um das Kap Horn. Im Jahre 1620 schlossen sich die am Indienhandel beteiligten Kaufleute zusammen und gründeten die Holländische Ostindische Kompanie. Schon 1605 kam es bei Malakka zur ersten Seeschlacht, in der die Holländer die vereinigte spanisch-portugiesische Flotte besiegten. Allmählich verdrängten die Holländer die Portugiesen aus dem indischen Handel und nahmen deren Platz ein. Nach Lissabon wurde Amsterdam zum europäischen Seehandelszentrum.

Die holländische Handelsflotte überflügelte binnen kurzer Zeit die Flotten der übrigen europäischen Staaten und wurde zur Grundlage des holländischen Überseehandels. Den Kern dieser holländischen Handelsflotte bildete ein neuer Fahrzeugtyp, die *Fleuten*, ziemlich lange Rundschiffe mit der größten Breite auf der Konstruktionswasserlinie, sich schnell nach oben verjüngenden Seiten und einem nach achtern hin steil ansteigenden Deck. Sie trugen drei ziemlich hohe Maste mit trapezförmigen Rahsegeln. Bald befuhren sie alle Ozeane und wurden zum Vorbild für die Schiffbauer anderer Länder, z. B. Brandenburgs, Venedigs und Rußlands. Die Holländer waren nicht nur glänzende Seefahrer und Schiffbauer, sondern bewährten sich auch in der Fluß- und Küstenschiffahrt; die Form einiger Schiffe jener Zeit *(Bojer, Tjalken)* mit Seitenschwertern hat sich in kaum veränderter Gestalt bis heute erhalten. Holland ist auch die Heimat der *Jachten*, die vom englischen Hof aus als Sportfahrzeuge nach und nach in der ganzen Welt Verbreitung fanden. Die durch die Monopolstellung der holländischen Kaufleute bedingten Handelserfolge führten jedoch in der zweiten Hälfte des 17. Jahrhunderts zu den anglo-holländischen Kriegen, in denen anfänglich Holland mit seinen hervorragenden Admirälen de Ruyter (1607—76), Tromp (1639—91) und anderen erfolgreich war. Diese Admiräle führten eine neue Kampftaktik ein, indem sie eine Reihe von Schiffen hintereinander staffelten, wobei sich das Flaggschiff Admiral de Ruyters' „De Zёven Provincien" besonders auszeichnete. Schließlich wurde jedoch die holländische Flotte durch die Übermacht der britischen Kriegsflotte, für deren Verstärkung sich der Admiralitätssekretär Samuel Pepys (1633—1703) unter der Regierung Karls II. und Jakobs II. eingesetzt hatte, geschlagen. Auch die Handelsflotte zog sich vom europäischen Schauplatz nach Übersee zurück.

Eine getreue Darstellung der Schiffe, der Seeschlachten und des Geschehens jener Zeit geben uns die Gemälde und Stiche der bekannten holländischen Künstler van de Velde (Vater und Sohn) und des böhmischen Meisters Wenzel Hollar.

In das 17. Jahrhundert fallen auch die ersten Versuche eines wissenschaftlich begründeten Schiffbaus, die zunächst auf Kriegsschiffe beschränkt blieben. Die englischen Galeonen vom Ende des 16. Jahrhunderts waren von erfahrenen Schiffbaumeistern gebaut worden, denen es jedoch an theoretischen Kenntnissen mangelte. So wurde gelegentlich die Form des Schiffes noch während des Baues abgeändert. Erst unter Kardinal Richelieu und vor allem unter Colbert, dem Minister des französischen Königs Ludwig XIV., der die erste Schiffbauschule gründete, begann man Schiffe auf wissenschaftlicher Basis zu entwerfen. Das erste Schiff dieser Art war „La Couronne" von 2 000 t Tragfähigkeit aus dem Jahre 1638. Ihr folgten weitere wie z. B. „Soleil Royal", „Souverain", „Le Dauphin", „Royal" u. a., von denen die „Soleil Royal" wegen ihrer reichen Ausschmückung als schönstes Schiff dieser Zeit galt. Dank den nach neuen Methoden gebauten Schiffen und ausgezeichneten Admirälen wie Tourville, du Quesne und weiteren, begann auch Frankreich in größerem Maße am Seehandel und an der Kolonisation neuentdeckter Länder — insbesondere in Nordamerika und Asien — teilzunehmen. Mit der Theorie des Schiffbaus, namentlich mit den Fragen der Stabilität und der Manövrierfähigkeit befaßten sich mehrere Wissenschaftler wie Bernouilli, der Mathematiker Euler und andere. Die Engländer bevorzugten empirische Schiffbaumethoden, so daß sie erst 1811 in Portsmouth eine Schiffbauschule gründeten.

DAS GOLDENE ZEITALTER DER SEGELSCHIFFE

Die Periode vom Ende des 17. Jahrhunderts bis zur Mitte des 19. Jahrhunderts kann als das Goldene Zeitalter der Segelschiffe bezeichnet werden. Wenn auch im Mittelmeer der Ruhm der

Riemengaleeren und Galeassen mit Lateinsegeln langsam verblaßte, verbreitete sich die Segelschiffahrt über die ganze damals bekannte Welt. Durch die Anwendung wissenschaftlicher Baumethoden wurde der Rumpf schlanker, die Schiffe fuhren schneller und wurden größer. Als Baustoff diente auch weiterhin Holz. Es waren durchweg Spantenschiffe mit einem mächtigen Kiel und stumpf aufeinanderstoßenden Plankengängen. Die Unterwasserteile des Schiffsrumpfs waren mit Kupferblech beschlagen. Das Hauptdeck wurde immer mehr ausgeglichen, die Aufbauten an Bug und Heck waren nicht mehr so hoch, die Zahl der Decks vermehrte sich. Das anfangs ovale Heck verwandelte sich allmählich in ein Spiegelheck, an das der Heckaufbau mit den Galerien anschloß. Der Bug lief in ein langes Galion aus, das später jedoch immer kürzer wurde. Die Zahl der Segel nahm zu, die Maste trugen gewöhnlich nicht nur Unter-, Bram- und Toppsegel, sondern darüber auch die Oberbramsegel (Royals). Das Rahsegel am Bugspriet, die Blinde, wich den zwischen Fockmast und Bugspriet befestigten Vorsegeln. Der Neigungswinkel des Bugspriets zum Hauptdeck wurde vermindert. Das Lateinsegel am Kreuzmast verwandelte sich in ein Gaffelsegel und auch zu diesem kommt ein viereckiges Gaffeltoppsegel hinzu. Zur Bedienung der Segel wurde ein Taljensystem verwendet. Das Ruder wurde von einem vertikal gelagerten Steuerrad bewegt, der Anker mit einem Spill aufgehievt. Während gegen Ende des 17. Jahrhunderts die durchschnittliche Tragfähigkeit der Hochseehandelsschiffe 400 t, in Ausnahmefällen 700 t betrug, erreichte sie im letzten Drittel des 18. Jahrhunderts schon 800 t und am Ende des 18. Jahrhunderts bereits 1 200 t. In der ersten Hälfte des 19. Jahrhunderts hatten die für Fernfahrten bestimmten Schiffe allgemein eine Tragfähigkeit von 1500 t.

Die Entfaltung des Seehandels mit den neuerschlossenen Gebieten, insbesondere mit Nordamerika und Asien, erforderte die Entwicklung neuer Schiffstypen. So bildeten sich beispielsweise für die Asienfahrten der Ostindischen Kompanien Spezialschiffe heraus, die sog. *Ostindienfahrer* (East Indiaman), Drei-

master mit zwei bis drei Decks und verlängertem Heckaufbau.
Zwischen den Handels- und Kriegsschiffen, die im Laufe des
16. Jahrhunderts typenmäßig voneinander abzuweichen begannen, wurde der Unterschied allmählich wieder geringer. Auch
die Handelsschiffe erhielten mehrere Decks mit Geschützbatterien. Die grundlegenden Handelsschiffstypen des 18. Jahrhunderts waren das *Vollschiff* und die *Bark*.
Je nach Kanonenzahl teilte man damals die typischen Linienschiffe und Fregatten in Schiffe I. Ranges mit rund 100 Kanonen, II. Ranges mit 80 Kanonen, III. Ranges — den zahlenmäßig
größten — mit über 50 (bis 70) Kanonen ein. Die Kriegsschiffe
des IV.—VI. Ranges waren kleinere Fahrzeuge, größtenteils
Begleit-, Erkundungs-, Blockadeschiffe usw. Auch die Feuerwirkung der Schiffskanonen, deren vollendete Beherrschung zusammen mit geschickt ausgeführten Segelmanövern häufig über
das Ergebnis einer Seeschlacht entschied, wurde verstärkt. Diesen Fragen wandte vor allem England Aufmerksamkeit zu.
Seine perfekt ausgebildeten Schiffsbesatzungen und die tüchtigen Kommandanten ließen es aus der Mehrzahl der Seeschlachten des 18. Jahrhunderts siegreich hervorgehen. Hier sind die
am Beginn des 18. Jahrhunderts geführten Schlachten mit der
spanischen Flotte im Karibischen Meer und die Aktionen gegen
die französische Flotte in den fünfziger Jahren bei der Verteidigung der Niederlassungen in Nordamerika zu erwähnen. Ende
des 18. Jahrhunderts kam es zu den bedeutendsten Seeschlachten, in denen die britische Marine unter dem Kommando der
berühmten Admiräle Howe, Hood, Rodney, Jervis, Nelson und
anderer die spanische und die französische Flotte besiegte, wodurch sich England die Oberherrschaft über den Atlantik und
das Mittelmeer sicherte.
In dieses Jahrhundert fallen auch weitere Entdeckungsfahrten.
Erwähnenswert sind besonders die Reise des französischen Kapitäns Bougainville, die drei Fahrten des Kapitäns James Cook
(1728—1779) mit den Schiffen „Endeavour", „Resolution" und
„Discovery" in den Stillen Ozean, die 1728 von dem in russischen Diensten stehenden Dänen Vitus Bering (1681—1741)

unternommenen Versuche, die nordwestliche Durchfahrt zu finden, und die Fahrten des Engländers Hudson sowie auch die des Franzosen Cartier in die nördlichen Gebiete Amerikas. Forschungsreisen waren auch die Fahrt des Kapitäns Bligh mit der „Bounty" in den Pazifik und die Fahrt Vancouvers entlang der kanadischen Westküste. Zum Erfolg dieser Expeditionen trug die Kenntnis der Astronomie und die Verwendung nautischer Instrumente wie des Sextanten, des Oktanten, des Lots, des Schiffschronometers und die ständig neubearbeiteten und laufend ergänzten Seekarten bei. Auch der Bau von Leuchttürmen, vor allem an der Westküste Europas, wirkte sich günstig auf die Sicherheit der Schiffahrt aus.

DIE ANFÄNGE DER DAMPFSCHIFFAHRT

In der Mitte des 18. Jahrhunderts kündigten sich die ersten Anzeichen dafür an, daß auch ein anderer Schiffsantrieb als das Segel im Bereich der Möglichkeit liege. Die ersten Versuche mit der Dampfkraft wurden auf Binnengewässern unternommen. Schon 1738 experimentierte Jonathan Hull mit einem Raddampfboot, mit dem er Segelschiffe schleppen wollte. Der Versuch mißlang jedoch. Mehr Glück hatte 1783 der französische Marquis Jouffroy d'Abbans mit seinem „Pyroscaphe" genannten Raddampfboot mit Kettengetriebe, das von einer Wattschen Zweitakt-Dampfmaschine angetrieben wurde. Obwohl sich das Boot bei der öffentlichen Probefahrt auf der Saône 15 Minuten lang gegen den Strom vorwärtsbewegte, scheiterte die Verwirklichung der Flußdampfschiffahrt am Widerstand der Behörden. Ein weiterer Versuch gelang 1788 dem englischen Ingenieur William Symington und seinen Mitarbeitern Miller und Taylor mit einem kleinen Doppelrumpfboot auf einem See in Südschottland. Zwischen den beiden Rümpfen waren zwei Schaufelräder installiert. Derselbe Versuch mit einem größeren Boot mißlang und erst 1802 konnte Symington auf dem Forth und Clyde Kanal mit dem von einer einzylindrigen Wattschen

Dampfmaschine angetriebenen Heckraddampfboot „Charlotte Dundas" erfolgreiche Probefahrten ausführen. Wegen des Protests der Kanaleigentümer, die eine Beschädigung der Ufer befürchteten, scheiterte auch diesmal die Einführung der Dampfschiffahrt. Erfolgreicher wurde der Amerikaner John Fitch, der nach in den Jahren 1786 und 1788 unternommenen Probefahrten mit einem Dampfboot, das mit einer durch Kettenübersetzung von einer Dampfmaschine in Bewegung gesetzten Radantriebsanlage ausgestattet war, den regelmäßigen Verkehr auf dem Fluß Delaware eröffnete. Als Begründer der amerikanischen Dampfschiffahrt wird jedoch Robert Fulton (1765 bis 1815) angesehen, der 1807 mit dem von einer Dampfmaschine englischen Ursprungs angetrieben Raddampfer „Clermont" den Schiffsverkehr zwischen New York und Albany eröffnete. Fulton befaßte sich erfolgreich mit der Erfindung eines Unterseeboots und baute 1814 auch das erste durch Dampfkraft angetriebene Kriegsschiff „Demologos".

Die Flußdampfschiffahrt wurde bald auch in Europa eingeführt, und zwar 1812 in England, wo Henry Bell nach Fultons Patent in Glasgow den kleinen Raddampfer „Comet" von 15,6 m Länge, mit einer 3 PS starken Dampfmaschine bauen ließ.

Die erste Seefahrt mit Dampfkraft wurde erst 1819 mit dem Vollschiff „Savannah" von etwa 350 t Wasserverdrängung verwirklicht, das mit Rädern und einer Hilfsdampfmaschine ausgestattet war. Während der Überfahrt von Amerika nach Europa benutzte die Savannah den Dampfantrieb nur etwa 85 Stunden. Die erste Fahrt in umgekehrter Richtung, d. h. aus der Alten in die Neue Welt, unternahm 1821 das britische Kriegsschiff „Rising Star", ein Vollschiff mit drei Masten von 428 t Tragfähigkeit. Seine beiden im Rumpf eingebauten Räder wurden von einer 70 PS starken Dampfmaschine angetrieben. Eine echte Seefahrt mit ständigem Dampfantrieb verwirklichte erst 1827 der Raddampfer „Curaçao" von 438 t Tragfähigkeit und 100 PS Leistung, der die Entfernung zwischen Rotterdam und Paramaribo in Holländisch-Guyana in 28 Tagen mit einer Geschwindigkeit von 6 Knoten zurücklegte. Er hatte 57 Personen an Bord. In den folgenden Jahren nahm die Zahl der Dampfer und der Fahrten zu. 1821 wurde der erste aus Eisen erbaute Dampfer „Aaron Manby" in Betrieb gesetzt. 1833 überquerte der kanadische Raddampfer „Royal William" in 25 Tagen den Atlantik von Nordamerika nach Europa. Er gehörte dem Schotten Cunard, der 1840 eine Dampfschiffahrtsgesellschaft für Personen- und Postbeförderung zwischen Liverpool und Südamerika gründete. Im Jahre 1838 fuhr der Dampfer „Sirius", kurz danach der Dampfer „Great Western" — angeblich auf der Route der heutigen Atlantiklinien von London nach New York. Mit der „Great Western" wurde die regelmäßige Linienschifffahrt zwischen Europa und Nordamerika eröffnet.

Nahezu gleichzeitig mit der Anwendung von Dampfkraft setzten Versuche ein, die Räder durch eine andere Antriebsanlage zu ersetzen. Nach den erfolglosen und nicht sehr glücklichen Experimenten des Engländers Lyttleton, der Amerikaner Fitch, Fulton, Stevens und anderer, die bei ihren Entwürfen entweder vom Schaufelrad Bernouillis, Bramahs oder von einer auf der Basis der Archimedischen Schraube geschaffenen Spirale ausgingen, gelang es dem aus Böhmen stammenden Joseph Ressel (1793—1857) eine brauchbare Schiffsschraube zu entwerfen und praktisch zu erproben. Die ersten Skizzen zu seiner Erfindung entstanden schon 1812 und nach teilweisen praktischen Erprobungen, die er 1824 in Ljubljana (Laibach) auf dem Fluß Krka vornahm, führte er 1829 in Triest einen erfolgreichen Versuch mit seiner an dem Schiff „Civetta" angebrachten Schraube durch. Sie bildete einen Teil der Archimedischen Schraube und befand sich am Heck vor dem Ruder. Diese Art der Anbringung ist bis heute beibehalten worden. Ressel konnte seine Erfindung jedoch nicht verwerten, denn die Behörden nahmen einen Defekt an der Dampfmaschine zum Vorwand, ihm sein Privileg zum Betrieb der Schiffahrt zwischen Venedig und Triest zu entziehen. Kurze Zeit nach der Patentierung der Schiffsschraube Ressels wurde 1829 dem englischen Kaufmann Cummerow für eine der Resselschen ähnliche Schiffsschraube das Patent erteilt. Im Jahre 1832 ließ sich der französische Schiffsingenieur

Sauvage, der in Frankreich als Erfinder der Schiffsschraube angesehen wird, seinen Entwurf einer Schraube patentieren. Im Mai 1836 erhielt der englische Farmer Smith das Patent auf eine Schraube und 6 Wochen später der in den USA lebende schwedische Ingenieur John Ericsson. Dieser erprobte seine Schraube an zwei Booten, wobei das zweite erfolgreich ein Segelschiff von 630 Tonnen mit 8 km Stundengeschwindigkeit auf der Themse schleppte. Auf Grund seiner gleichfalls geglückten Experimente wurde Smith 1838 von der britischen Admiralität mit dem Bau des Schiffs „Archimedes" von 237 t Tragfähigkeit und rund 80 PS Leistung beauftragt. Nach dem Vorbild dieses ersten Schiffes mit Schraubenantrieb, das England umfuhr und eine Reihe weiterer Fahrten ausführte, wurde das erste Schrauben-Seeschiff eiserner Konstruktion „Great Britain" gebaut und 1843 vom Stapel gelassen. Seine Wasserverdrängung betrug 3618 t, die Nennleistung der Dampfmaschine 1014 PS. Sein Konstrukteur war I. K. Brunel, der auch die bekannte „Great Western" gebaut hatte. Die erste Fahrt von Liverpool nach Amerika unternahm die „Great Britain" im August 1845.

Schon auf den Schiffen „Great Western" und „Great Britain" verwendete der Schiffbauer Brunel einige Neuerungen, z. B. wasserdichte Querschotten und einen eisernen Rumpf. Eine Revolution im Schiffbau des 19. Jahrhunderts bedeutete jedoch sein Schiff „Great Eastern", ursprünglich „Leviathan" benannt. Es war in seinem Ausmaß und mit seiner gesamten technischen Ausrüstung der Entwicklung um 40 Jahre voraus. Der Schiffsrumpf bestand ganz aus Eisen, hatte Querschotten, einen Doppelboden und Doppelwände. Außerdem hatte das Schiff noch Seitenräder, eine Schraube und eine Takelung für sechs Masten. Das Schiff war für die Beförderung von Fahrgästen von Europa nach Australien und Indien bestimmt. Die Schaufelräder erwiesen sich jedoch für ein derart großes Fahrzeug als ungeeignet, da sie ein zu starkes Schlingern sowie Erschütterungen hervorriefen; das Schiff wurde daher aus dem Fahrgastverkehr gezogen und anderen Zwecken zugeführt.

Eine Zeitlang waren die Schiffe sowohl mit Rädern als auch

mit Schrauben ausgestattet. Nach einigen Jahrzehnten war der Schraubenantrieb soweit verbessert, daß er die Räder vollständig aus der Seeschiffahrt verdrängte. Einer der ersten Versuche, der die Vorzüge der Schiffsschraube gegenüber dem Rad deutlich machte, war der „Zweikampf" zwischen dem Schraubenschiff „Rattler" und dem Raddampfer „Alecto", die beide mit Dampfmaschinen von 200 PS ausgerüstet waren. Den Sieg errang 1845 die „Rattler"; sie schleppte die „Alecto" mit dem Heck nach vorn mit einer Geschwindigkeit von nahezu 3 Knoten. Der letzte und am besten ausgestattete Raddampfer war die 1861 gebaute „Scotia" der Cunard-Gesellschaft, die bis 1875 im Dienst stand und die Fahrzeit zwischen Europa und Nordamerika auf 9 Tage verkürzte.

KURZGEFASSTER ÜBERBLICK ÜBER DIE ENTWICKLUNG DER KRIEGSSCHIFFE IM 19. JAHRHUNDERT

Dampf- und Schraubenantrieb wurde im Laufe des 19. Jahrhunderts auch beim Bau von Kriegsschiffen verwendet. Die durch Metallplatten geschützte hölzerne Außenhaut wurde nach und nach durch eine Panzerung ersetzt, die Schiffskanonen wurden in festen, später drehbaren Türmen untergebracht. Das erste Kriegsschiff mit Dampfantrieb war die bereits erwähnte „Demologos" Robert Fultons aus dem Jahre 1814. Seit der Mitte des 19. Jahrhunderts wurde zum Bau von Kriegsschiffen Eisen verwendet; in die gleiche Zeit fiel auch die Kombination von Dampf- und Segelantrieb. Anstelle der leicht verwundbaren Räder setzte sich rasch der Schraubenantrieb durch. Die besonders für die Mittelmeerschiffe typische Ramme verschwand allmählich. Die letzte siegreiche Schlacht mit dieser Waffe focht 1866 der österreichische Admiral Tegetthoff mit der italienischen Flotte bei Lissa aus.

Als Erfinder des *Panzerschiffes* wird der französische Schiffbauingenieur Dupuy de Lôme angesehen, der 1852 probeweise das Schraubenschiff „Napoleon" von 5000 t Wasserverdrängung erbaute. Ein weiteres von ihm konstruiertes Schiff war die erste Panzerfregatte „La Gloire", die 1859 vom Stapel lief. Mit ihr war das Ende der Kriegssegelschiffe besiegelt.

Auch England nahm den Bau von eisernen Kriegsschiffen rasch auf. Im Jahre 1861 liefen in England die eisernen Fregatten „Warrior" und „Black Prince" vom Stapel.

In Frankreich entstand gleichfalls ein Typ schneller, kleiner Segelschiffe von schlanker Form mit einer Kanonenreihe auf dem Deck, die sog. Fregatten, die sich beim Küstenwachdienst bewährten. Auch bei ihnen wurden die Segel allmählich durch Dampfantrieb ersetzt.

Die ersten Panzerschiffe mit Dampfantrieb bestanden sehr bald ihre Bewährungsprobe: in den sechziger Jahren während des amerikanischen Bürgerkrieges maßen die „Merrimac" der Südstaaten und die „Monitor" der Nordstaaten ihre Kräfte. Die von Ericsson, dem Erfinder der Schiffsschraube, erbaute „Monitor" war mit einem drehbaren Geschützturm ausgestattet. In diesem Krieg zeigte es sich, daß die hölzernen Kriegssegelschiffe ausgedient hatten. Von diesem Zeitpunkt an wurden alle Kriegsflotten nur noch durch eiserne Schiffe mit Dampf- und Schraubenantrieb verstärkt. Die drehbaren Türme mit Geschützen von großem Kaliber sind meist in der Achse des Fahrzeugs angebracht, so daß ihr Feuerkreis rings um das Schiff möglichst groß ist. Die Seekriegstechnik wurde weiter vervollkommnet, es kam zur Erfindung des Torpedos und der Mine sowie zu den ersten gelungenen Versuchen mit *Unterseebooten*. Die ersten Torpedos hatten keinen eigenen Antrieb, sondern waren an einer langen Stange befestigte Minen, mit der das Boot die Flanke des feindlichen Schiffs rammte. Später wurde zum Antrieb der Torpedos Preßluft verwendet und sie wurden zur Hauptwaffe der Unterseeboote.

Die Entwicklung der Unterseeboote begann 1625 mit den mißglückten Versuchen des Holländers Van Drebell und setzte sich über den Engländer Day (1770), bis zum kugelförmigen Unterseeboot „Turtle" von David Bushnell fort, mit dem er 1776 in die Kämpfe um die Unabhängigkeit Amerikas eingreifen wollte.

Um 1800 befaßte sich Robert Fulton mit der Erfindung dieser neuen Waffe und nannte sein Unterseeboot „Nautilus". Obgleich man nicht behaupten kann, daß Fultons Versuche erfolglos blieben, drang er mit seiner Erfindung nicht durch. Um die Mitte des 19. Jahrhunderts machte der Deutsche Wilhelm Bauer erfolgreiche Versuche mit Unterseebooten, denen er sein ganzes Leben weihte. Eine praktische Auswertung und Anerkennung erlebte jedoch auch er nicht. Lange Zeit war die geeignete Antriebsart ein Problem. Die ersten Versuche begannen mit Hand-, später auch mit Dampfantrieb. Erst in den siebziger Jahren des vergangenen Jahrhunderts benutzte der russische Erfinder Drzewicki Akkumulatorenbatterien als Antrieb. Die ersten brauchbaren Unterseeboote wurden jedoch nach den Plänen des Franzosen Gustave Zédé und des Amerikaners Holland erst Ende des 19. Jahrhunderts konstruiert.

Zu Beginn des 20. Jahrhunderts kannte man folgende Haupttypen von Kriegsschiffen:

Schlacht-(Linien)-schiff: bis 15 000 t Wasserverdrängung, mit Geschützen vom Kaliber 30,5 cm ausgerüstet.

Schlachtkreuzer: Kriegsschiff mit einer kleineren Zahl von Geschützen schwächeren Kalibers, mit schwächerer Panzerung und größerer Geschwindigkeit. In Seeschlachten und zu Angriffen auf Küstenziele verwendet.

Panzerkreuzer und leichter Kreuzer: Schnelle Kriegsschiffe mit schwächerer Bewaffnung und Panzerung, die im Handelskrieg eingesetzt werden.

Zerstörer: Kleineres schnelles Kriegsschiff mit schwächerer Bestückung, ausgerüstet mit Torpedos und Wasserbomben. Die Zerstörer werden im Kampf gegen Unterseeboote, bei Angriffen auf feindliche Fahrzeuge, zur Verteidigung und zum Schutz der eigenen Schiffe und Konvois eingesetzt.

Unterseeboot: Unterwasserfahrzeug, bewaffnet mit Torpedos, teilweise auch mit einer Kanone, bestimmt zur Zerstörung großer Kriegsschiffe oder Handelsschiffe.

Daneben noch weitere Fahrzeuge für Spezialzwecke z. B. Torpedoboote, Minenleger und Minensuch- und -räumboote.

DIE ENTWICKLUNG DER SEEDAMPFSCHIFFAHRT

Die zweite Hälfte des 19. Jahrhunderts ist durch eine rasche Entwicklung der Schiffahrt gekennzeichnet, vor allem im Gebiet des Atlantischen Ozeans, über den nach Beendigung der Napoleonischen Kriege der Weg der Auswanderer nach Nordamerika führte. Aber auch der Südatlantik, der Indische und der Stille Ozean wiesen eine intensive Seeschiffahrt auf. Den Antrieb der Fahrzeuge beherrschte der Dampf, die Schiffskonstruktionen waren aus Eisen, genietet, die Schiffe wurden größer und die Nennleistung der installierten Dampfmaschinen stieg an. Die Segel verschwanden jedoch noch nicht aus der transozeanischen Schiffahrt. Der Beginn der zweiten Hälfte des 19. Jahrhunderts ist die berühmte Zeit der *Klipper*, schneller, meist dreimastiger Schiffe mit Rahsegeln (sog. Vollschiffe) von schlanker Form, mit guten nautischen Eigenschaften. Sie kamen in Amerika auf und wurden bald auch von den europäischen Reedern für den Schnelltransport von Personen und Frachten benutzt (z. B. von Tee aus Indien und China nach Europa, von Fahrgästen nach Amerika und Australien), später auch für den Transport von Wolle und anderen Gütern. Die Klipper erzielten dank ihrer Takelung und den Erfahrungen ihrer Kapitäne bei Rekordfahrten Geschwindigkeiten bis zu 21 Knoten. Die Eröffnung des Suezkanals versetzte ihnen jedoch den Todesstoß. Erben des einstigen Ruhms der Klipper wurden die mehrmastigen Segelfrachtschiffe des 19. und 20. Jahrhunderts mit Rah- und Schonertakelung, die für den Transport von Massengütern (Getreide, Kohle, Salpeter u. a.) bestimmt waren. Ihre letzten Vertreter sind heute von den Weltmeeren verschwunden. Nur noch die Schulschiffe der Handels- und Kriegsflotten einiger seefahrender Nationen erinnern an die berühmte Ära der Segelschiffe.

Während für den Gütertransport im Laufe der Zeit verhältnismäßig langsame Frachtdampfer gebaut wurden, wetteiferten die Schiffahrtsgesellschaften im Bau immer größerer, schnellerer und luxuriöserer Passagierdampfer miteinander. Tonangebend war die bereits erwähnte Cunard-Gesellschaft, später eine weitere englische Gesellschaft, The White Star Line, die größte Dampfschiffahrtsgesellschaft dieser Zeit, die British India Steam Navigation Company und die deutschen Gesellschaften Hamburg-Amerika-Linie und Norddeutscher Lloyd. Während 1840 die Tragfähigkeit der ersten Holzraddampfer der Cunard-Line 1 150 t betrug und die Leistung der Dampfmaschinen 740 PS nicht überstieg, erreichte 1892 die Tonnage der Schiffe derselben Gesellschaft „Campania" und „Lucania" 13 000 t und die Nennleistung der Dampfmaschinen 26 000 PS. Im Halten von Geschwindigkeitsrekorden bei der Überquerung des Atlantiks lösten sich englische und deutsche Mammutschiffe wechselseitig ab, bis am Beginn des 20. Jahrhunderts das Schiff der Cunard-Line „Mauretania" mit einem Raumgehalt von 35 600 BRT und einer Nennleistung der Dampfturbinen von 70 000 PS für den Geschwindigkeitsrekord das sog. Blaue Band des Atlantiks erwarb und bis 1929 verteidigte. Die Katastrophe des Luxusdampfers „Titanic" im Jahre 1912, deren Kapitän, bestrebt, noch bei Tageslicht in New York einzulaufen, die Gefahr schwimmender Eisberge unterschätzte (in diesem Falle ging es nicht um die Gewinnung des Blauen Bands, weil die „Titanic" eine viel geringere Maschinenleistung hatte als die damalige Inhaberin dieser Trophäe, die „Mauretania"), und der Erste Weltkrieg kühlten die Rekordjagd der Rivalen auf den Weltmeeren ab und trugen zur Straffung der Aufsicht seitens der Klassifikationsgesellschaften beim Schiffbau, zur Einführung eines Überwachungsdienstes für die Bewegungen von Eisbergen und zur Festsetzung der ersten Konvention zum Schutz des menschlichen Lebens auf See bei (SOLAS). In den Beginn des 20. Jahrhunderts fällt auch die Verwendung des Verbrennungsmotors zum Schiffsantrieb und zwar 1910 bei dem englischen Tankschiff „Vulcanus" und 1912 bei dem dänischen Frachter „Selandia". Der Antrieb durch Verbrennungsmotoren, vorwiegend das Dieselsystem, setzte sich seiner Wirtschaftlichkeit wegen nach und nach durch, insbesondere bei Frachtdampfern, kleineren Kriegsfahrzeugen und Unterseebooten. Heute ist mehr als die Hälfte der Weltflotten mit Dieselmotoren verschiedener Konstruktionsart und einer Leistung bis 28 000 PS je Motor ausgestattet. Bekannte Hersteller sind Burmeister Wain, Sulzer, M.A.N., Fiat, Götawerken, Hitachi u. a.

Die meisten Seeschiffe wurden schon seit dem 18. Jahrhundert in Großbritannien gebaut, das bis zum Zweiten Weltkrieg über die stärkste Handels- und Kriegsflotte verfügte. Mit Großbritannien hielten im Schiffbau in technischer Hinsicht Deutschland, Frankreich und die USA Schritt. Den Bau großer Fahrgastschiffe mit der Möglichkeit, das Blaue Band zu erringen, konnten sich nur See- und Industriegroßmächte erlauben und so hielten es zwischen 1929 und 1938 abwechselnd Deutschland (Bremen 1929, 1933), England (Queen Mary 1936, 1938), Frankreich (Normandie 1935, 1937) und Italien (Rex 1933). Diese Schiffe erreichten beachtliche Größenmaße und erzielten gewaltige Leistungen, so daß die Fahrzeit zwischen Europa und Amerika auf weniger als fünf Tage verkürzt wurde. Sie wurden von Dampfturbinen angetrieben, hatten vier Schrauben, die Konstruktion genietet, bei kleineren Fahrzeugen seit den dreißiger Jahren auch geschweißt. Die nach der Art der Fracht auf Massen-, Stück- oder flüssige Fracht (Tankschiffe) spezialisierten Frachtschiffe wurden ebenso wie die Fahrgastschiffe immer größer, in technischer und wirtschaftlicher Hinsicht besser ausgestattet und im Betrieb sicherer. Die Schiffswerften entwickelten sich zu riesigen Fabriken, die Tausende Arbeiter beschäftigen, wo nicht nur Schiffskörper gebaut, sondern auch Schiffsantriebsanlagen und alle Arten von Deckmaschinen hergestellt werden. Es entstand eine Reihe spezialisierter Betriebe, die Schiffseinrichtungen und Teile der Schiffsausrüstung erzeugen. Der Schiffbau wird auf Grund der Schiffbauforschung durchgeführt, die die geeignete Form der Schiffskörper ermittelt und die verschiedenen Arten des Schiffsantriebes sowie die Manövrierfähigkeit der Fahrzeuge prüft. Zur Reparatur der Schiffe entstanden Spezialwerften mit Trocken- oder Schwimmdocks, die nach Auspumpen des Wassers den unbehinderten Zutritt zu den Unterwasserteilen des Schiffsrumpfs ermöglichen.

DIE ENTWICKLUNG DER WASSERFAHRZEUGE
NACH DEM ZWEITEN WELTKRIEG

Wie alle vorangegangenen Kriege hatte auch der Zweite Weltkrieg einen gewaltigen Aufschwung der Schiffahrt und des Schiffbaus zur Folge. In technischer Hinsicht ermöglichte die Beherrschung der Herstellungstechnologie den Bau immer größerer und betriebsmäßig anspruchsvollerer Fracht-, Fahrgast- und Spezialschiffe. Die größten Frachter unserer Zeit sind die in Japan erbauten Tankschiffe, die zum Erdöltransport aus dem Persischen Golf nach Japan und Europa dienen. Sie sind so groß, daß sie den Suezkanal nicht passieren können und daher Südafrika umschiffen müssen. Ihr Betrieb ist vollständig mechanisiert und zu ihrer Bedienung genügt eine Besatzung von ein paar Dutzend Mann, die selbstverständlich entsprechend geschult sind. Nach den Riesentankern Nissho Maru, Idemitsu Maru, Universe Ireland, Universe Korea, hält den Größenrekord das Schiff Nisseki Maru mit einer Tragfähigkeit von 372 400 t, das der Gesellschaft Tokyo Tanker Co. gehört. Es ist damit zu rechnen, daß bald noch größere Schiffe vom Stapel laufen werden. Die durchschnittliche Größe der übrigen Tankschiffe erreicht 60 000—80 000 t, während die konventionellen Frachtschiffe mit einem Raumgehalt von 20 000—30 000 BRT gebaut werden. Die Durchschnittsgeschwindigkeit der Frachtschiffe ist von 12—13 Knoten vor dem Zweiten Weltkrieg auf 18 Knoten gestiegen.

Im Frachtschiffbau kommt es zu einer engen Spezialisierung für die verschiedenen Arten von Frachtgut, z. B. für den Transport von Obst, Erz, flüssigen Gasen, Wein, Papiermasse, Autos, Frachtcontainern und Leichtern usw. Frachtschiffe für den Transport von Stückfracht, Containern und Fahrzeugen sind für ein ununterbrochenes Laden und Löschen eingerichtet, sog. roll-on roll-off Schiffe.

Auch der Bau von Fahrgastschiffen hat sich weiterentwickelt. Das größte seiner Art ist derzeit die „France", die bis vor kurzem auch das neueste und modernste war. Das modernste Fahrgastschiff ist die „Queen Elisabeth II.", die im Oktober 1968 vom Stapel lief. Inhaberin des Blauen Bandes ist seit 1952 die amerikanische „United States" mit 53 329 BRT, die eine Geschwindigkeit von 35,6 Knoten erzielte. Beim Bau dieser Fahrgastschiffe wurden in höchstmöglichem Maße leichte Legierungen und plastische Kunststoffe verwendet, die weitgehend auch zum Bau der übrigen Schiffstypen herangezogen werden. Die erwähnten Fahrgastschiffe sind allerdings besonders groß, den normalen Typ stellen Schiffe von rund 200 m Länge mit einer Wasserverdrängung von 20 000–30 000 t und einer Geschwindigkeit von rund 25 Knoten dar, deren Betrieb ökonomischer ist. Diesen Typ repräsentieren die englischen Schiffe „Northern Star" und „Southern Cross", die italienischen „Leonardo da Vinci", „Galileo Galilei" und „Michelangelo", die holländische „Statendam" u. a. In letzter Zeit werden besondere, für Rundreisen in verschiedene Gebiete bestimmte Fahrgastschiffe gebaut. Sie sind für eine geringere Zahl von Passagieren in einer einzigen Klasse und für einen längeren Aufenthalt auf Deck eingerichtet, haben rund 25 000 BRT Raumgehalt und entwickeln eine Geschwindigkeit von rund 20 Knoten; die modernsten sind die deutsche „Hamburg" (BRD), die schwedische „Kungsholm", die norwegische „Sea Venture" und „Island Venture".

Die meisten Seeschiffe werden von Verbrennungsmotoren angetrieben, große Einheiten – z. B. Fahrgastschiffe – sind mit Dampfturbinen mit Ölfeuerung ausgerüstet.

Auch der Kernkraftantrieb setzt sich insbesondere bei Kriegsschiffen allmählich durch. Nach einer Reihe amerikanischer und sowjetischer Unterseeboote sowie anderen militärischen Fahrzeugen (Flugzeugträger „Enterprise", Raketenkreuzer) ist seit 1959 der sowjetische Eisbrecher „Lenin" mit diesem Antrieb ausgestattet. Im Jahre 1962 wurde das amerikanische Atomschiff „Savannah" für gemischte Personen- und Frachtenbeförderung probeweise in Betrieb genommen. Der Bau je eines weiteren Atomschiffs in der BRD („Otto Hahn") und in Japan („Mutsu") ist bereits vollendet. Bei kleineren Fahrzeugen für vorwiegend militärische Zwecke beginnt sich als Antriebseinheit die Gasturbine bis zu 8 000 PS Nennleistung durchzusetzen.

Auf dem Gebiet der Hydrodynamik des Schiffskörpers wurden sowohl in der See- wie in der Flußschiffahrt die sog. Tragflügelschiffe und -boote eingeführt, deren Rumpf sich bei der Erzielung einer gewissen Geschwindigkeit durch den Auftrieb der unter dem Rumpf angebrachten Tragflügel über den Wasserspiegel erhebt. Die Durchschnittsgeschwindigkeit der ebenfalls für militärische Zwecke bestimmten Spezialtypen erreicht bis 130 km/h. Neu sind auch die sog. Luftkissenschiffe, bei denen mit Hilfe von Ventilatoren zwischen dem Wasserspiegel und dem Boden des Fahrzeuges ein Luftkissen gebildet wird, das den Reibungswiderstand vermindert, wodurch höhere Geschwindigkeiten (bis 100 km/h) erzielt werden. Den Vortrieb besorgen meistens die Flugzeugpropeller. Tragflügel- und Luftkissenschiffe dienen dem Fahrgast- und Güterverkehr auf kürzere Entfernungen in Meeresbuchten, die Tragflügelschiffe wurden, z. B. in der UdSSR, auch in der Flußschiffahrt für längere Strecken eingesetzt.

Den Betrieb der Fahrzeuge sichern Radaranlagen, Echolote und Echographen, die Antriebsmotoren und Schiffseinrichtungen sind ferngelenkt, die automatische Steuerung durch automatische Steuerstände (Gyropiloten) erleichtern der Schiffsführung die Arbeit. Für die Innenausstattung der Fahrzeuge werden in hohem Maße feuerfeste Stoffe verwendet, außerdem sind automatische Feuerlöschanlagen mit Fernregistration installiert. Das Rollen und Schlingern der Schiffe, besonders der Fahrgastschiffe, wird durch verschiedene Stabilisatorensysteme vermindert. Die Sicherheit der Fahrgäste und Besatzungen hat sich auch durch die Einführung unsinkbarer Rettungsboote und gedeckter selbstaufblasbarer Flöße erhöht. In immer stärkerem Maße liegt dem Entwurf und dem Bau von Schiffen eine eingehende Forschung zugrunde, die die geeignetste Form des Schiffskörpers, des Antriebes bestimmt und die Probleme der Manövrierfähigkeit löst. Die Ergebnisse dieser Forschung wirken sich in der Anwendung mehrflügeliger Schrauben mit verstellbaren Flügeln, günstigen Bug- und Heckformen, drehbaren Propellerdüsen, Aktivrudern und verschiedenen Hilfsruderanlagen aus, die beim Einlaufen großer Schiffe in den Häfen und bei ihrem Manövrieren inmitten zahlreicher anderer Fahrzeuge oder auf schwierigen Abschnitten der Wasserstraßen erforderlich sind.

Allmählich werden auch neue Arten der See- und Flußschiffahrt erprobt und eingeführt, z. B. auf den großen europäischen und amerikanischen Strömen die sog. Schubschiffahrt, ferner die Beförderung schwimmender Container für den Transport flüssiger Gase durch Schlepper; man versucht auch die Fahrt unter Wasser Transportzwecken dienstbar zu machen. Die Sportschiffahrt erfreut sich immer größerer Beliebtheit breiter Bevölkerungsschichten.

Neue Schiffstypen entstehen besonders für Spezialzwecke z. B. Fährschiffe für den Transport von Fahrzeugen, Schiffe für den Fischfang und die anschließende Verarbeitung, man baut moderne und leistungsfähige technische Fahrzeuge wie schwimmende Bagger und Kräne, zur Ausbeutung der Schätze des Meeresgrundes werden Bohr- und Förderschiffe sowie schwimmende Bohrinseln verwendet. Große Aufmerksamkeit wird auch der meereskundlichen Forschung und den Untersuchungen des Meeresgrundes gewidmet, deren Aufgaben Forschungsschiffe und spezielle Tauchboote durchführen.

Die Schiffe werden in großen Raumsektionen und Blöcken gebaut, mit teilweise installierten Maschinenanlagen und Schiffsrohrleitungen. Der Schiffbau findet unter ständiger Aufsicht von Klassifikationsgesellschaften statt, die ihre Vorschriften laufend vervollkommnen, um konstruktions- und betriebsmäßig besser entsprechende Fahrzeuge zu entwickeln. Der Betrieb der See- und Flußschiffahrt ist durch internationale Abmachungen und Konventionen geregelt, die die Ausrüstung der Schiffe im Hinblick auf die Sicherheit der Fahrgäste, der Besatzungen sowie des Schiffsbetriebs auf hoher See, in den Häfen sowie auf den binnenländischen Wasserwegen festsetzen. Diese Maßnahmen werden durch die ständig wachsende Zahl der die Weltmeere befahrenden Schiffe diktiert, deren Gesamttragfähigkeit im Jahre 1972 268 Millionen Tonnen erreichte. Die ersten sechs Plätze nehmen die unter der Flagge Liberias, Japans, Großbritanniens, Norwegens, der UdSSR und Griechenlands fahrenden Flotten ein.

Auch die Entwicklung der Kriegsschiffe unterlag Veränderungen. Noch im Ersten Weltkrieg fanden mehrere Seeoperationen statt, die sich mit den Seeschlachten längst vergangener Zeiten vergleichen lassen. Später beschränkten sich die Operationen auf den U-Boot-Krieg, auf den Schutz der Handelsschiffe und die Verfolgung der sog. Hilfskreuzer, der bewaffneten Handelsschiffe. Große Kriegsschiffe wurden nur in vereinzelten Fällen eingesetzt. Gegen Ende des Ersten Weltkriegs wuchs die Bedeutung der Marineluftwaffe und der Flugzeugträger, was auch während des Zweiten Weltkriegs der Fall war; von Flugzeugträgern startende Flugzeuge und die Stärke der U-Boot-Flotten waren die entscheidenden Faktoren für den Sieg in Seeschlachten. Nach dem Zweiten Weltkrieg erfolgte daher eine grundsätzliche Umwertung der Kriegsflotten und der Seekriegstaktik, deren Ergebnis ein Abrücken von den großen Einheiten vom Typ der Schlachtschiffe, Schlachtkreuzer und schweren Kreuzer ist. Die großen Seemächte widmen heute dem Bau von U-Booten mit großem Aktionsradius, von Flugzeugträgern, Raketenkreuzern und der speziellen Anpassung kleinerer Fahrzeuge, wie der leichten Kreuzer, Zerstörer und Fregatten für Zwecke der U-Boot- und Flugzeugabwehr gesteigerte Aufmerksamkeit. In der neuzeitlichen Ausrüstung der Kriegsschiffe überwiegen daher Abwehrwaffen gegen U-Boote, Flugzeuge und Raketen, die durch einen hohen Grad von der Automation des Schiffsbetriebs sowie der Waffentechnik ergänzt werden.

ETWAS ÜBER SCHIFFE IM ALLGEMEINEN

SCHIFF — WASSERFAHRZEUG

Zwischen diesen beiden Ausdrücken besteht auf den ersten Blick kein besonderer Unterschied. Wasserfahrzeug ist der weitere Begriff und bedeutet jeden für den Dienst auf dem Wasser bestimmten Schwimmkörper, also nicht nur Schiffe, sondern auch Boote, Schwimmbagger, Fähren, Flöße und andere Fahrzeuge, die sich zu einem bestimmten Zweck (z. B. Transport, Arbeit usw.) auf dem Wasser bewegen. Demgegenüber ist Schiff der engere Begriff und bedeutet ein steuerbares hohles Fahrzeug, das zur Beförderung von Menschen, Gütern usw. dient. Ein Unterschied besteht gleichfalls zwischen den Begriffen Schiff und Boot. Unter Boot verstehen wir gewöhnlich ein kleineres Wasserfahrzeug für Sport-, Vergnügungs- oder Fischereizwecke oder im Falle der Rettungsboote ein Fahrzeug, mit dem große Schiffe ausgestattet sind.

Damit Schiffe, Boote und Wasserfahrzeuge ihren Zweck erfüllen, müssen sie die jeweils entsprechende Größe, Form, Konstruktion, Antriebsart und Ausrüstung besitzen. Der Schiffbau hat sich jahrtausendelang entwickelt, vom handgefertigten und handwerklich hergestellten Wasserfahrzeug bis zur fabrikmäßigen und industriellen Herstellung großer See- und Flußschiffe. Der Bau bzw. die Projektierung von Schiffen ist zu einer Kunst und zu einer Wissenschaft geworden. Der Schiffbauer entwirft das Schiff auf Grund der Ergebnisse der vorausgegangenen Forschung, Berechnungen, eigenen Erfahrungen und unter Berücksichtigung aller die Ausführung des Fahrzeugs beeinflussenden Gesichtspunkte wie z. B. Zweck, Fahrtbereich, Antriebsart, verwendetes Material u. a.

Der individuelle handgefertigte Bau der Schiffe und Boote wird heute nur noch von Amateuren für Sportzwecke und von

Fischern und Eingeborenen in allen Weltteilen betrieben, die sich dabi auf die von den Vorfahren überkommenen Erfahrungen stützen.

SCHIFFSKÖRPER

Der *Schiffskörper* besteht in der Regel aus zwei Hauptteilen, dem Rumpf und den Aufbauten. Die *Aufbauten* können von verschiedener Größe und an verschiedenen Stellen angebracht sein, sich von einer Seite des Schiffs bis zur anderen erstrecken oder durch einen Laufgang von den Seiten abgetrennt werden. Auf kleineren Schiffen oder dort, wo die Höhe des Schiffs (z. B. bei Flußfahrzeugen wegen der Brücken) einer Beschränkung unterliegt, können die Aufbauten auch halb eingelassen oder als einfaches Deckhaus, Ruderhaus, eingelassene Kajüte (bei Jachten) oder ähnlich ausgeführt sein. Für einzelne Schiffsarten ist die Anordnung der Aufbauten typisch und man kann sie sofort daran erkennen, z. B. die Tank- und Containerschiffe an dem Heckaufbau, die Frachtschiffe auf großen Binnenseen an einem Aufbau am Heck und einem zweiten mit dem Ruderhaus am Bug, die Schlepper an dem Aufbau in der vorderen Hälfte usw. Den *Rumpf* des Fahrzeugs bildet das oben mit dem *Deck* abgeschlossene, an den Seiten und am Boden mit der *Außenhaut* versehene Gerippe. Der Schiffsrumpf und die Aufbauten können in horizontaler Richtung auch durch mehrere Decks unterteilt sein: das nach Festigkeitsberechnungen ausgeführte wasserdichte Volldeck wird Hauptdeck genannt. Die darüberliegenden Decks haben besondere Namen (Ober-, Boots- Promenadendeck). Nach Ausführung und Ausdehnung der Decks lassen sich gleichfalls verschiedene Schiffstypen unterscheiden, z. B. solche mit Schutzdeck, Spardeck, Hüttendeck usw.
Das *Gerippe* des Schiffs ist ein System von grundlegenden längs- und querverlaufenden oder kombinierten Konstruktionselementen, deren Aufgabe darin besteht, eine ausreichende Festigkeit des Fahrzeugs zu gewährleisten. Der wichtigste, festigende, in

der Bodenmitte liegende Teil des Gerippes heißt *Mittelkielschwein*. Dieses läuft am Bug in den *Vorsteven*, am Heck in den *Hintersteven* aus. Der Hintersteven ist so gestaltet, daß der Ruderschaft daran befestigt werden kann, bei den Einschraubenschiffen ist er mit einer Öffnung versehen, durch welche die Schraubenwelle mit der Schiffsschraube läuft. Bei einigen kleineren Fahrzeugen, namentlich bei Booten, schließt das Heck mit einer senkrechten oder schrägen Fläche ab, die *Spiegel* heißt und ihren Ursprung von den mittelalterlichen Karacken herleitet. Nach der Form des Stevens, der eigentlich für die Form von Bug und Heck bestimmend ist, unterscheiden wir einen senkrechten, ausfallen-den, löffelförmigen, überhängenden Klipperbug, Wulstbug und ein bauchiges Heck, Spiegelheck, Kreuzheck u. a. Außer dem in der Längsachse des Schiffs verlaufenden Mittelkielschwein kön-nen durch den Boden des Fahrzeugs auch die Längsfestigkeit verstärkende *Seitenkielschweine* angebracht sein. Der unterste Teil des Schiffsbodens heißt *Kiel*. Der Boden ist bei Flußschiffen gewöhnlich flach. Die Seeschiffe haben kleine Aufkimmung, d. h. der Boden steigt gegen die Seiten hin an. Ein stärker ausgebildeter Kiel gewährleistet eine größere Stabilität des Fahr-zeugs und eine bessere Manövrierfähigkeit. Aus diesen Gründen haben seegehende Segelschiffe und -jachten eine größere Auf-kimmung als normale Schiffe. Besonders der Rumpf der Jachten weist einen mächtigen Kiel auf. Die seitliche Abdrift des Schiffs wird auch durch frei an den Seiten angebrachte „Schwerter" gemindert, mit denen z. B. die holländischen Sportjachten, die Fischkutter und auch die für Fahrten auf den niederländi-schen Flüssen und Kanälen bestimmten Frachtboote versehen sind. Große Fahrgastschiffe haben an den Seiten unterhalb der Wasserlinie herausschiebbare und schwenkbare Flossen, sog. *Stabilisatoren*, die das Schlingern des Fahrzeugs mindern sollen. Zur Erhöhung der Längsfestigkeit und Sicherheit haben die Schiffe einen *Doppelboden*, der oben mit einem zusammenhän-genden Blech, eigentlich einem Deck gedeckt und durch Quer-schotten in wasserdichte Abschnitte *(Kofferdamms)* unterteilt ist. Weitere längsverlaufende Konstruktionselemente sind die

Seitenstringer, die im Rumpfinneren an den Seiten verlaufen, und die *Deckunterzüge* als Längsrichtungsstützen der Decks.

Die grundlegenden querverlaufenden Konstruktionselemente des Schiffsrumpfs sind die *Spanten*, die am Boden an die *Bodenwrangen*, am Deck an die *Decksbalken* anschließen.

Die *Decks*, die aus Blech, Holz oder anderem Material bestehen, sind an den Decksbalken und Deckunterzügen befestigt. Sie sind entweder durchlaufend oder teilweise offen, d. h. ausgespart, z. B. wegen der Ladeluken u. ä.

Ein weiteres wichtiges festigendes Element der Rumpfkonstruktion sind die *Querschotten*, die jeweils dort angebracht sind, wo Spanten verlaufen, gewöhnlich wasserdicht sind und den Rumpf in wasserdichte Abteilungen unterteilen. Diese wasserdichten Abteilungen erhöhen die Festigkeit des Fahrzeugs und vermindern die Gefahr des Sinkens. Bei großen Schiffen sind im Rumpf auch *Längsschotten* eingebaut, hauptsächlich bei den für Massenfracht und flüssige Fracht bestimmten Fahrzeugen, um eine Verschiftung der Ladung während der Fahrt und die damit verbundene Stabilitätsverletzung zu verhindern.

Die *Außenhaut* ist an den Spanten, den Schotten, den Stringern, den Decks und an der Konstruktion des Schiffsbodens befestigt. Bei großen Schiffen besteht sie aus Stahlblechen, die früher übereinandergelegt wurden, um die Nieten anbringen zu können; heute werden sie vorwiegend stumpf geschweißt. Die Schiffe früherer Jahrhunderte hatten eine hölzerne Außenhaut, wobei die einzelnen Planken dachartig von oben nach unten überlappten (Klinkerbauweise), z. B. bei den Wikingerschiffen und Koggen, oder stießen stumpf gegeneinander (Kraweelbauweise) bei den meisten Holzschiffen. Die übrigen Holzteile der Schiffskonstruktion, z. B. Spanten, Steven u. a. wurden aus kleineren Stücken zu größeren Teilen zusammengesetzt, gebogen, fallweise verwendete man zu ihrer Fertigung natürlich geformte Teile von Ästen oder Stämmen. Die Holzteile wurden durch Pflöcke, Keile, Nägel, hölzerne Innenhautplanken, später durch Nieten und Schrauben verbunden. Die Holzhaut wurde mit Blei- oder Kupferblech bedeckt, um den Schaden durch Anwuchs von Meerestieren und -pflanzen zu vermindern. Die Konstruktion der Schiffsaufbauten besteht ebenso wie die Konstruktion des Rumpfs aus längs- und querverlaufenden Konstruktionselementen mit einer aus Blech oder anderem Material hergestellten Verkleidung.

Das klassische Material für den Bau von Schiffskörpern war Holz. Im 19. Jahrhundert begann man die Schiffe aus Eisen, später aus Stahl zu bauen. Nach dem Zweiten Weltkrieg bevorzugt man insbesondere für die Aufbauten leichte Legierungen, für den Bau kleinerer Fahrzeuge plastische Kunststoffe, z. B. glasfaserverstärkte Laminate. Bei Sportschiffen und kleineren Fahrzeugen wird als Außenhaut neben Kunststoffen auch Leinwand oder mit Textil gefestigter Kautschuk verwendet. Bei Jachten bleibt das klassische Material Holz und Sperrplatten (Zeder, Eiche, Mahagoni, Teak).

SCHIFFSANTRIEBSANLAGEN

Der älteste Schiffsantrieb ist die Kraft der menschlichen Arme. Die alten Ägypter bewegten ihre Wasserfahrzeuge stehend durch Paddeln, später durch Rudern gleichfalls im Stehen und auch sitzend. Auch die Phönizier und Assyrer benutzten Riemen, handhaben sie aber bereits sitzend. Ebenso wurden die griechischen und römischen Galeeren sowie die Mittelmeergaleeren bis ins 18. Jahrhundert durch Muskelkraft vorwärtsgetrieben.

Fast gleichzeitig mit dem *Ruderantrieb* beginnt man die Kraft des Windes zu nutzen. Die ersten zwischen zwei Rahen gespannten *Segel* waren von eckiger Form; später wurde das Segel nur an der oberen Rahe befestigt. Das Reffen erfolgte zunächst durch Verkürzung des Segels, wie man eine Jalousie herunterläßt, später durch Verkleinerung der Segelfläche. Lange Zeit begnügte man sich mit einem einzigen Hauptsegel, erst in den ersten Jahrhunderten vor Christi kamen ein weiteres Segel am nach vorn geneigten Fockmast, dem sog. Artemon, und ein dreieckiges Topsegel am Großmast hinzu. Die lateinischen dreieckigen

Segel, wahrscheinlich arabischen Ursprungs, wurden erstmals im Byzantinischen Reich verwendet. Das in der Mitte des Mittelalters aufkommende viereckige Rahsegel ist auf nordische Einflüsse zurückzuführen. Auf den „nefs" und den Karacken erschienen zum erstenmal beide Segelarten, obwohl die Schiffe damals bereits allgemein mit mehreren Masten ausgestattet waren. Erst in der zweiten Hälfte des 15. Jahrhunderts kam bei den Karacken auf dem Groß-, später auch auf dem Fockmast ein weiteres kleines viereckiges Segel hinzu, das im Laufe des 16. Jahrhunderts größer wurde und auf den Galionen ein System von Rahsegeln bildete, die Grundlage der späteren Volltakelung. Eine reichere Takelage wiesen die Fleuten auf und bald darauf kreuzte das Vollschiff des 17. und 18. Jahrhunderts auf den Weltmeeren. Die Takelung vervollkommnete sich, die unterschiedliche Verwendung von Rah- und Schratsegeln ließ eine Reihe neuer Seglertypen entstehen. Den Schwanengesang der Segelschiffe bedeutete die Ära der Klipper im 19. und der großen Segelschiffe um die Wende zum 20. Jahrhundert. Heute begegnen wir dem Segelantrieb nur noch bei Schulschiffen, Sportjachten, Fischerei- und Eingeborenenfahrzeugen.

Die Nutzbarmachung des Dampfes und die Erfindung der Dampfmaschine ermöglichten die Einführung einer neuen Antriebseinrichtung. Von den ersten Versuchen mit *Radantrieb* am Ende des 18. Jahrhunderts führte der Weg zu seiner allgemeinen Verwendung, annähernd in die Epoche zwischen 1820 und 1860. Seit den vierziger Jahren des 19. Jahrhunderts setzte sich jedoch eine leistungsfähigere und einfachere Antriebseinrichtung durch, die *Schiffsschraube (Propeller)*. Die Schaufelräder bewährten sich bei geringen Wassertiefen sehr gut und wurden lange Zeit bei den Flußdampfern benutzt. Erst in der Mitte des 20. Jahrhunderts kamen bei einigen Fahrzeugtypen (Flußschiffe, für den Nahverkehr) andere Antriebseinrichtungen zur Auswertung, z. B. der Voith-Schneider-Propeller (V. S. Propeller) mit senkrechten Flügeln, ein Wasserstrahlantrieb für geringe Fahrtiefen und verschiedenartig variierte Propeller-Antriebsanlagen wie die Propellerdüse, der Z-Antrieb, Harbor-Master mit kippbaren Propellern u. a. Der Antrieb durch *Kolbendampfma-schinen* erhielt sich bis tief ins 20. Jahrhundert hinein. Vor dem Ersten Weltkrieg wurde die *Dampfturbine* konstruiert, die für einige Schiffstypen (z. B. Fahrgastschiffe, Schlachtschiffe, Riesentankschiffe) die geeignetste und leistungsstärkste Antriebseinheit bleibt. Im Laufe des Ersten Weltkriegs und namentlich in den darauffolgenden Jahren setzte sich allmählich der Antrieb durch *Verbrennungsmotoren*, Dieselmotoren für schweres Treiböl durch, die jetzt allgemein auch bei großen Fracht- und Tankschiffen mit direkter Umsteuerung auf die Schiffspropeller verwendet werden. Nach dem Zweiten Weltkrieg werden auch *Gasturbinen* bis zu 8 000 PS Nennleistung verwendet, allerdings nur bei kleineren Einheiten. Die übrigen Antriebsarten, z. B. mit elektrischen Batterien oder einer elektrischen Trolleyleitung, haben sich nur bei kleinen Fahrzeugen unter speziellen Bedingungen bewährt. Die Antriebsanlage ist in den Maschinen- und Kesselräumen, die von den übrigen Schiffsräumen durch wasserdichte Querschotten getrennt sind. Zur Zeit des Dampfantriebs hatten die Schiffe große Kesselräume und die Roste der Dampfkessel wurden anfänglich durch Muskelkraft, später auf mechanischem Wege mit Kohle beschickt. Heute ist an die Stelle der Kohle das Rohöl (Masut) getreten, wobei zur Heizung automatisch gelenkte Ölbrenner verwendet werden. Nach dem Zweiten Weltkrieg begann man auch die Kernstoffenergie für den Schiffsantrieb zu nutzen, u. zw. vorwiegend bei Kriegsschiffen. Kernbrennstoff stellt im Hinblick auf den geringen Verbrauch der Reaktoren den idealen Brennstoff der Zukunft dar.

Die zum Schiffsantrieb verwendeten Kolbendampfmaschinen haben gleichfalls eine lange Entwicklung durchgemacht, von den stehenden Kompoundmaschinen zu den liegenden Verbund- und Mehrfachexpansionsmaschinen des 20. Jahrhunderts. Auch die modernen Dampfturbinen sind leistungsfähige, schnelllaufende Dampfmaschinen mit hohem Druck und hoher Wärmeentwicklung, deren Betrieb vollautomatisiert ist. Die zu Beginn des 20. Jahrhunderts gebräuchlichen Verbrennungsmotoren ergaben eine Leistung von ein paar Dutzend Pferdekräften je Zylinder, heute erreichen sie Leistungen von 3 000—4 000 PS je Zylinder. Man verwendet sie als Langsamläufer mit direktem Antrieb auf den Propeller oder als mittelschnellaufende mit Transmissions- und Wendegetriebe. Neben der Antriebseinheit sind im Maschinenraum noch Rohrleitungssysteme installiert, die die Zufuhr des Brennstoffs, des Kühlöls und Kühlwassers, die Erzeugung von Preßluft zum Anlassen der Motoren, die Ableitung der Auspuffgase und die entspechenden Steuerungs- und Kontrollanlagen sichern. In jüngster Zeit geht das Bestreben der Schiffbauer dahin, einen solchen Grad der Automatisierung von Steuerung und Kontrolle des Schiffsbetriebes und der Schiffsantriebsanlage zu erzielen, daß sich eine ständige Besatzung in dem Maschinenraum erübrigen würde.

Vom Maschinenraum aus wird durch den Schiffsmotor die durch den sog. Wellentunnel geführte Schraubenwelle direkt angetrieben. Bei manchen Schiffen erfolgt der Antrieb jedoch nicht direkt, sondern mittels eines Generators und Elektromotors, der nur eine verkürzte Schraubenwelle im Heckteil des Schiffes antreibt. Die Schraubenwelle verläuft durch den Schiffsrumpf, durch das sog. Stevenrohr, an dessen Ende der Propeller mit festen verstellbaren oder drehbaren Flügeln (bei kleineren Durchmessern und Leistungen) aufgesetzt ist. Die meisten Frachtschiffe sind wegen der einfacheren Wendegetriebe Einschraubenschiffe, während bei Fahrgast- und Spezialschiffen mehrere Propeller verwendet werden. Die Höchstzahl der Propellerflügel ist sieben, der größte bisher hergestellte Schiffspropeller mit verstellbaren Flügeln erreichte einen Durchmesser von 5,6 m. Die höchsten installierten Leistungen — 160 000 bis 200 000 PS — weisen Kriegsschiffe, Flugzeugträger und größte Fahrgastschiffe auf.

DECKSEINRICHTUNG UND -MASCHINEN

Damit das Schiff während der Fahrt seine Betriebsaufgaben erfüllen kann, ist es mit der sog. Deckseinrichtung und den Deckmaschinen ausgestattet. Eine der wichtigsten ist die *Ankereinrichtung*. Der Anker hat seit dem Altertum eine interessante Entwicklung durchgemacht. Sie führte von den antiken Stein- oder Holzankern mit Eisenarmen über ganzmetallene, einfache mit festem Stock bis zu den Admiralitätsankern mit drehbarem Stock und den verschiedensten stocklosen Patentankern mit kippbaren Flunken, größerer Haltekraft usw. Die gleiche Entwicklung erlebte auch die Einrichtung zum Auswerfen und Einholen der Anker. Ursprünglich wurde der Anker mit der Hand ausgeworfen und ebenso wieder eingeholt. Wenn mehrere Anker von größerem Gewicht notwendig waren, verwendete man Blöcke und Taljen, später wurden zum Aufholen Ankerspille verwendet. Als man zum Dampfantrieb überging, wurden auch die Ankerwinden für Dampfantrieb eingerichtet, an die Stelle der Taue trat eine Kette und allmählich wurden noch weitere moderne Antriebsarten für die Winden benutzt. Heute wird für kleinere Ankerwinden Elektro- oder Motorantrieb, bei größeren hydraulischer und elektrohydraulischer Antrieb verwendet.

Eine ähnliche Entwicklung machte die zweitwichtigste Deckseinrichtung, die *Ruderanlage* durch. Von den von Hand bewegten Steuerrudern, die lose an der Seite eingehängt oder (bei den Wikingerschiffen) an einem Zapfen festgehalten waren, mit Handpinne, ging die Entwicklung zum Heckruder, das mittels Pinne (Hebel), später durch ein waagrechtes, dann senkrechtes, durch Taue, Ketten und ein Segment mit dem Ruderschaft verbundenes Steuerrad betätigt wurde. Heute ist die Ruderanlage meist vollmechanisiert, das Drehen der Ruder besorgen leistungsstarke Rudermaschinen, die in besonderen Maschinenräumen untergebracht sind. Diese Maschinen werden elektrisch oder hydraulisch angetrieben und vom Steuerstand, der sich im Ruderhaus befindet, ferngesteuert. In jüngster Zeit ist auch die

Steuerung des Schiffes vollautomatisiert. Der automatische Steuerstand — der Gyropilot — führt das Schiff nach vorher eingestellten Navigationsangaben und der Schiffsführer kontrolliert nur den richtigen Gang dieses komplizierten Apparates. Zur besseren Manövrierfähigkeit der Schiffe, z. B. der Fahrgast- und Fährschiffe oder der Eisbrecher in den Häfen und andernorts, werden verschiedene zusätzliche Einrichtungen angewendet, die im Bug eingebaut und z. B. als V. S. Propeller, Bugstrahlruder usw. ausgeführt sind. Ein weiterer wichtiger Deckmechanismus ist die *Bootseinrichtung*. Boote wurden zu Rettungs- und Arbeitszwecken verhältnismäßig frühzeitig auf den Schiffen mitgeführt (schon auf römischen Handelsschiffen), ausgesetzt wurden sie mittels Bootsdavits und Laufrollen oder Taljen. Die Konstruktion der Davits modernisierte sich erst im Laufe des 19. und 20. Jahrhunderts, als das handmäßige Aussetzen der Boote mechanisiert wurde. Es werden verschiedene Davittypen verwendet: drehbare, kippbare, die modernsten sind die sog. Schwerkraftdavits, die sich über das Wasser hinausneigen, das Boot hinausschieben und auf den Wasserspiegel fieren. Der Antrieb der Bootswinden und -davits erfolgt größtenteils elektrisch. In jüngster Zeit werden bereits in großer Zahl gedeckte, unkenterbare und feuerfeste Boote verwendet oder sie werden zum Teil durch feste oder selbstaufblasbare Rettungsflöße ersetzt, die den Schiffbrüchigen einen besseren Schutz vor den Unbilden der Witterung und mehr Sicherheit bieten als die Rettungsboote.

Eine wichtige Deckseinrichtung ist das *Verholgeschirr*, ein System von Pollern, Rollenklampen, Klüsen und Belegklampen, die zur Führung der Trossen beim Schleppen des Fahrzeugs und hauptsächlich beim Verholen an der Hafenmole oder an den Ankerbojen dienen.

Die früher ausschließlich zum Hissen der Segel bestimmten *Maste*, tragen heute bei Schiffen mit anderen Antriebsarten die Funkantennen und Positionslaternen, die Radarantennen und die Signalflaggen.

Die Schiffe sind je nach ihrer Zweckbestimmung noch mit weiteren Arten von Decksmaschinen, Deckshilfsmaschinen und anderen Deckseinrichtungen ausgestattet. Frachtschiffe, die ihre Fracht nicht in Häfen laden und löschen, verfügen über eigenes *Ladegeschirr;* dieses besteht aus Ladebäumen, die, meist kippbar und drehbar, an den verschiedenen Masttypen befestigt sind, und aus der eigentlichen Ladewinde mit elektrischem oder elektrohydraulischem Antrieb, die mittels eines Rollensystems das mit Haken, Greifer oder einer anderen Vorrichtung versehene Ladeseil bewegt. Schlepper sind mit dem entsprechenden *Schleppgeschirr* ausgerüstet, deren Hauptbestandteile Schlepphaken, auf Flüssen fallweise auch Schleppwinden mit elektrischem oder anderem Antrieb bilden. Durch Schlepper werden beispielsweise große Seeschiffe zum Ankerplatz an der Mole bugsiert oder *Lastkähne* und *Leichter* ins Schlepptau genommen. Eine moderne Art der Bewegung von Nichtselbstfahrern, die auch auf Binnenwasserstraßen angewendet wird, ist die sog. *Schubschiffahrt.* Das Schubschiff ist mit Schubhörnern und einer Koppelungseinrichtung ausgestattet, deren Aufgabe es ist, das geschobene Fahrzeug, oder das ganze Schubaggregat, mit dem Schubschiff schnell und fest zu verbinden.

SCHIFFSROHRLEITUNGSSYSTEME UND ELEKTRISCHE SCHIFFSANLAGE

Einen ungestörten Schiffsbetrieb zu gewährleisten und Sicherheit für den Aufenthalt der Besatzung und der Fahrgäste auf dem Schiff zu schaffen, ist die Aufgabe der sog. Schiffsrohrleitungssysteme. Zu den die Betriebssicherheit der Schiffe verbürgenden Systemen gehört das Drainage- bzw. Rettungssystem, zum Auspumpen oder Ausschöpfen von auf normale Art oder unter Durchstoßung der Außenhaut eingedrungenem Wasser, ferner das Feuerschutzsystem, das die rechtzeitige Meldung und Bekämpfung von Bränden gewährleistet und das Ballastsystem, das zwecks Verbesserung der Fahrteigenschaften des Schiffs bestimmte Tanks mit Wasser füllt. Das Lüftungssystem sorgt durch Lüfter und Ventilatoren für die ständige Zufuhr frischer Luft in die Schiffsräume. Die Klimatisationsanlage und die Zentralheizung hängen damit eng zusammen. Das an das Schiffswasserwerk angeschlossene Wassersystem versorgt das Schiff mit Trink- und Nutzwasser, das sanitäre System sowie das Kanalisationssystem leiten die Abwässer ab. Moderne Schiffe verfügen über eine Destillationsanlage zur Herstellung von Trinkwasser aus Seewasser. Die Schiffssysteme sichern auch den Betrieb der in der Regel vollautomatisierten Wirtschaftseinrichtungen wie Schiffsküche, Lager, Kühlräume, Brausen, Baderäume usw.

Eine weitere wichtige Schiffseinrichtung ist die elektrische Schiffsanlage, deren Betrieb durch die elektrische Energie aus der Schiffselektrozentrale gesichert wird. Die Elektrozentrale ist mit den Stromerzeugern sowie auch mit dem Bordnetz ausgestattet.

Als Erzeuger der elektrischen Energie werden meistens die Hilfsaggregate, die unabhängig vom Gang der Hauptantriebsmaschinen arbeiten, benutzt, ausnahmsweise auch Generatoren, die von den Hauptantriebsmaschinen angetrieben werden. Als Notstromquelle dienen für die wichtigsten Schiffsanlagen und -systeme (z. B. Schiffsbeleuchtung, Signalanlagen) Akkumulatorenbatterien. Die elektrische Schiffsanlage besteht nach dem Zweck aus den Starkstromanlagen für den Antrieb von Deck- und Hilfsmaschinen, aus Heizungs- und Beleuchtungsanlage, Schwachstromanlage (Radio, Rundfunk, Telefon) und Navigationsanlage (Echograph, Kompaß, Radaranlage).

SCHIFFSAUSRÜSTUNG UND ZUBEHÖR

Zur weiteren Ausstattung von Schiffen gehört die Schiffsausrüstung. Dazu gehören die runden und rechtwinkligen Schiffsfenster, Oberlichtfenster, Schiffstüren, Einsteigluken, Ladeluken, Geländer, Schiffstreppen und Leitern, Wellenbrecher, feste Fußböden, Roste usw.

Zur Innenausstattung der Fahrzeuge gehört die Einrichtung der Kajüten, der Betriebs- und aller übrigen Räume. Ein wichtiges Zubehör ist das Schiffsinventar und die Ersatzteile, mit denen jedes Schiff ausgestattet sein muß. Dazu gehören nicht nur Bordinventar, Rettungsmittel wie Rettungsringe und -kragen, Schwimmwesten und -geräte, Navigationsinventar (Navigationsgeräte, Seekarten, Flaggen), Havarieinventar (zur Abdichtung entstandener Risse usw.), sondern auch das Maschinenrauminventar zur Reparatur der Schiffs-, Decks- und Hilfsmaschinen, das Werkstattinventar u. a.

NAVIGATION

In alten Zeiten hing die Steuerung des Schiffes von dem Maß an Erfahrungen ab, über die der Schiffsführer verfügte. Allmählich kamen verschiedene Behelfe hinzu, die ihn bei seiner verantwortungsvollen Tätigkeit unterstützten. Denken wir nur daran, wieviele Jahrhunderte hindurch die Seefahrer auf die Kenntnis der Küste und der wichtigsten Himmelskörper angewiesen waren, wie lange es dauerte, bevor sie sich auf das offene Meer hinauswagen konnten. Echte Seefahrten wurden erst zu der Zeit der Wikinger um das Jahr 1000 n. Chr. verwirklicht. Dann folgten die Kenntnis des Kompasses, der Sanduhr, die Verwendung des Astrolabiums, des Jakobsstabes, des Logs, schließlich des Sextanten sowie die Epoche der Entdeckungsfahrten. Außer den schriftlichen Fahrtinstruktionen, über die schon die antiken Seefahrer verfügt haben sollen, kamen zum Beginn der Neuzeit die ersten, noch unvollkommenen Seekarten hinzu. Die Technik des 18. und 19. Jahrhunderts ermöglichte jedoch bereits eine nahezu perfekte Navigation bei Fernfahrten, obgleich das Risiko noch immer groß war. Obwohl die Navigation heute über optimale Hilfsmittel und Einrichtungen verfügt, die dem Kapitän eine Reihe von Informationen vermitteln (geographische Lage, Geschwindigkeit, Tiefe der Fahrstraßen, genaue Zeit, meteorologische Angaben, Radar-

informationen u. a.), kommt es dennoch häufig zu Zusammen-
stößen, Bränden, zum Stranden, Scheitern und Untergang von
Schiffen, zum Verlust von Menschenleben und Ladung.
Ungeachtet der einwandfreien telegrafischen und telefoni-
schen Signalübermittlung zwischen Ruderhaus und Maschinenraum, der automatischen Übermittlung von Befehlen und Kon-
trollangaben, der immer besseren Ausstattung der Ruderhäuser
durch Gyropiloten, Radar, Funkpeilanlagen und Fernsteuerung,
der tadellosen radiophonischen und radiotelegraphischen Verbindung, des Seesicherheits- und Küstenwachdienstes, ausge-
zeichneter Seekarten, der Sicherung der Fahrtstraßen durch
optische Leuchttürme und Radarstationen, Leuchtturmschiffe
und Seezeichen ereignen sich alljährlich zahlreiche Schiffskata-
strophen. Ihre Ursachen, eher menschlichen als technischen
Charakters, lassen sich in drei Gruppen einteilen: Konstruk-
tionsmängel der Schiffe, Pflichtverletzung seitens der Besatzung
oder falsche Auswertung fremder Meldungen usw., die Tücken
des Meeres, also der Natur, die zu beherrschen der Mensch in
der jahrtausendealten Geschichte der Schiffahrt mit größerem
oder geringerem Erfolg bemüht war.
In der Hand des Menschen liegt die Einschränkung der Schiffs-
verluste aus der ersten und zweiten Ursache. Die Werften entwerfen und bauen Schiffe auf Grund langjähriger Forschungen,
nach den neuesten Methoden der Herstellungstechnologie und
wenden Erfahrungen aus anderen Produktionszweigen an; die
Schiffseigner und Schiffahrtsgesellschaften übergeben ihre Erfahrungen vom Betrieb der Schiffe an die Schiffbauer, sichern
durch internationale Abmachungen die Einhaltung der Kon-
struktions- und Schiffahrtsvorschriften und -dienste, sorgen
für die Sicherheit der Schiffahrt, für die Schulung der Besatzungen, und vertrauen die verantwortungsvollen Posten der Schiffsführer erfahrenen und weisen Kapitänen an. Alles zusammen-
gefaßt bestätigt die Wahrheit der alten Devise „Navigare necesse est, vivere non est necesse".

Schnitt durch ein Handelsschiff aus der Mitte des 16. Jahrhunderts

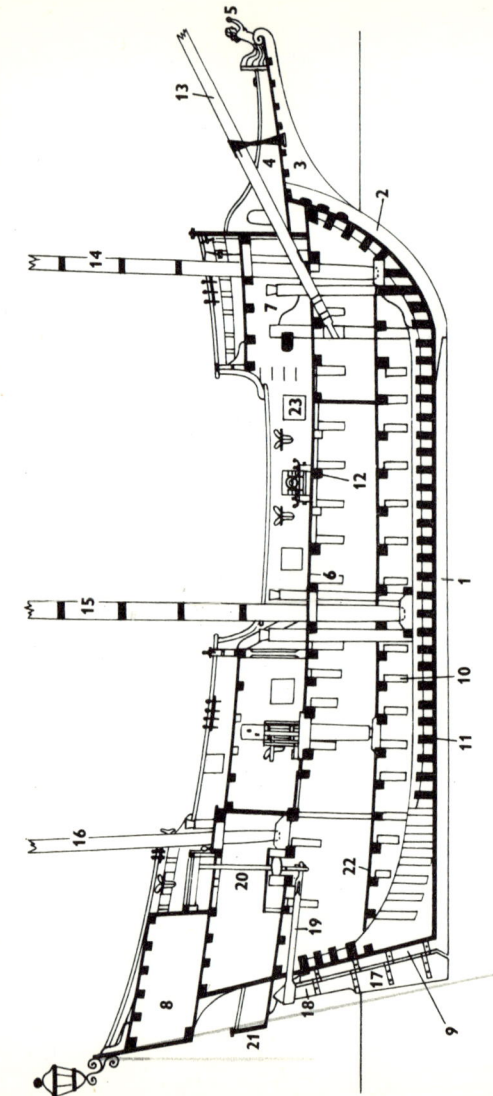

1. Kiel 2. Vorsteven 3. Galion 4. Galionsdeck 5. Galionsfigur 6. Hauptdeck 7. Vorderkastell 8. Achterkastell 9. Hintersteven 10. Spanten 11. Bodenwrangen 12. Decksbalken 13. Bugspriet 14. Fockmast 15. Großmast 16. Besanmast 17. Ruderblatt 18. Ruderschaft 19. Rudertransmission 20. Ruderpinne 21. Galerie 22. Unterdeck 23. Stückpforte

Schnitt durch ein modernes Schiff mit Bezeichnung der wichtigsten Teile und Hauptmaße

(Seefrachtschiff für Stückgut)

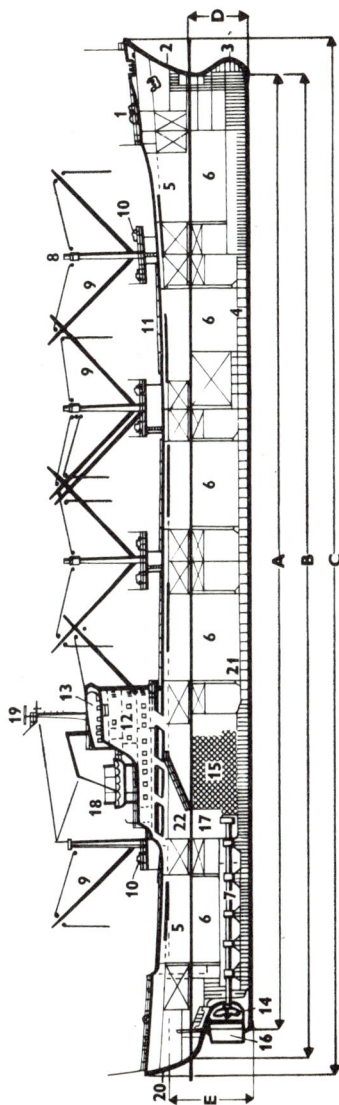

1. Ankerwinden 2. Vorsteven 3. Bugwulst 4. Doppelboden 5. Hauptdeck 6. Laderäume 7. Wellenleitung 8. Maste 9. Ladebäume 10. Ladewinden 11. Lukendeckel 12. Aufbau 13. Kommandobrücke 14. Propeller 15. Hauptantriebsanlage (Hauptmotor) 16. Ruder 17. Öltanks 18. Bootsdavits 19. Signalmast 20. Hintersteven 21. Querschotten 22. Fallreep

Einige wichtige Begriffsbestimmungen und Abkürzungen

L ü. a. Länge über alles
die Entfernung vom hintersten bis zum vordersten festen Punkt des Fahrzeugs, gemessen in einer waagrechten Ebene (umfaßt nicht nur den Rumpf, sondern auch alle fest mit ihm verbundenen Teile wie Bugspriet, Ruder u. a.)

L zw. L Länge zwischen den Loten
die waagrechte Entfernung zwischen dem vorderen und dem hinteren Lot

L K W L Länge in der Konstruktionswasserlinie (Wasserlinienlänge)
die Länge in der Konstruktionswasserlinie zwischen der Vorderkante des Vorstevens und der Hinterkante des Hinterstevens

B ü. a. Breite über alles (größte Breite)
die Entfernung zwischen den äußersten festen Punkten des Fahrzeugs, gemessen in einer waagrechten Ebene

B Breite auf Spanten
die größte waagrechte Entfernung zwischen den äußeren Kanten der Spanten

H Seitenhöhe
die senkrechte Entfernung der oberen Deckkante vom tiefsten Punkt des Schiffsbodens, gemessen in der halben Länge an der K W L

T Tiefgang
die senkrechte Entfernung des tiefsten Punktes des Fahrzeugs vom Wasserspiegel

Bruttoraumgehalt
das Volumen aller Räume des Schiffsrumpfs und der Aufbauten. Wird in BRT gemessen

Nettoraumgehalt
das Volumen der zur Frachtbeförderung bestimmten Räume des Schiffes. Wird in NRT gemessen

Registertonne
die Volumeneinheit, mit der der Raumgehalt des Wasserfahrzeugs gemessen wird. 1 RT = 2,83 m³

Tragfähigkeit
Gewicht der Nutzlast, der Fahrgäste, Gepäckstücke, des Treibstoffs, des Wassers und der Vorräte. Wird in t angeführt

Schwimmfähigkeit
die Fähigkeit eines Wasserfahrzeugs, auch eines beschädigten, durch die Wirkung des hydrostatischen Auftriebs in einer bestimmten Lage auf dem Wasser zu schwimmen

Stabilität
die Fähigkeit des Wasserfahrzeugs wieder in Gleichgewichtslage zu gelangen, wenn die Einwirkung äußerer Kräfte aufhört

Wasserverdrängung
das Gewicht des von dem Fahrzeug verdrängten Wassers, wird in t angegeben

Konstruktionswasserlinie
die Sekante der theoretischen Außenhaut des Fahrzeugs mit der waagrechten Ebene in Höhe des Konstruktionstiefgangs
Lote
die senkrechten durch die Sekanten der Konstruktionswasserlinie mit der Vorderkante des Vorstevens und der Hinterkante des Hinterstevens geführten Linien
WPS Wellenleistung
die Leistung des Wasserfahrzeugs in PS, gemessen an der Schraubenwelle
SM — Seemeile
die einer Bogenminute (dem 60. Teil eines Grads auf dem Äquator) gleichkommende Entfernung (1852 m)
kn — Knoten
die Geschwindigkeit eines Schiffes bei der es die Entfernung von 1 Seemeile in einer Stunde durchmißt

Einteilung der Wasserfahrzeuge

A. Nach der Bestimmung
  1. *zivile (Handels-, Vergnügungs-, Sportfahrzeuge* 2. *militärische (Kriegs-, Hilfsschiffe)* 3. *spezielle (Zoll-, Wach-, Dienst-, Arbeitsschiffe)*
B. Nach dem Zweck
  1. *Fahrgastschiffe* 2. *Fracht- und Tankschiffe* 3. *gemischte Schiffe (Fahrgast- und Frachtschiffe)* 4. *Schlepper und Schubschiffe oder Schubboote* 5. *technische Wasserfahrzeuge* 6. *Spezialschiffe* 7. *industrielle Schiffe* 8. *schwimmende Einrichtungen*
C. Nach dem Fahrbereich
  1. *Seeschiffe (für den Nah- und Fernverkehr, Küsten-, Hafen-, Reedenschiffe)* 2. *See-, Flußschiffe* 3. *Binnenschiffe (Fluß-, See-, Kanalschiffe und Schiffe für die Nahküstenfahrt, d. s. Binnenschiffe mit Verstärkung für die Küstenfahrt)*
D. Nach der Art der Fracht
  1. *Stückgutfrachter (für Kisten, Säcke, Holz, Walzmaterial, Transportmittel, Container, Kühl- und Gefriergut)* 2. *Massengutfrachter (für Kohle, Getreide, Erze, Düngemittel)* 3. *Tanker (für flüssige Fracht und Gase, z. B. Heizöl, Masut, Tafelöle, Wein, Melasse, Papiermasse u. a.)*

E. Nach dem Antrieb
   1. *Selbstfahrer* 2. *Fahrzeuge ohne Selbstantrieb (Flöße, Schlepp- und Schubkähne, Pontons, Flußfähren, technische Wasserfahrzeuge)*
F. Nach der Art der Energie
   Riemenschiffe, Ruder- und Paddelboote 2. Segelschiffe und Rotorschiffe (Segel, Windräder, spezielle Windeinrichtung, z. B. Flettnerrotor) 3. mechanisch angetriebene Schiffe: a) mit Dampfmaschinen und -turbinen b) mit Verbrennungsmotoren und -turbinen (mit verschiedener Leistungsübertragung) c) Elektroschiffe (Akkumulatoren-, Trolleysschiffe) d) speziell getriebene Schiffe (z. B. Schwungradschiffe)
G. Nach der Art der Dampferzeugung
   1. *Dampfschiffe mit Dampfkesseln* 2. *Atomschiffe mit Kernreaktoren*
H. Nach der Art des Antriebs
   1. *Räderschiffe* 2. *Schraubenschiffe (Schiffsschraube, Voith-Schneider-Propeller, Flugzeugpropeller)* 3. *Wasserstrahlschiffe*
I. Nach der Art der Schiffahrt
   1. *Verdrängungsschiffe* 2. *Gleitboote* 3. *Tragflügelschiffe* 4. *Luftkissenschiffe* 5. *Unterwasserschiffe (U-Boote, Batyscafs)*
J. Nach der Rumpfart
   1. *Einrumpfschiffe* 2. *Einrumpfschiffe mit Ausleger* 3. *Doppelrumpfschiffe (Katamaranschiffe)* 4. *Tripel- und Mehrrumpfschiffe*
K. Nach dem Baumaterial
   1. *Holzschiffe* 2. *Stahlschiffe* 3. *Kombinierte Schiffe (aus Stahl und Holz)* 4. *Aluminiumschiffe (aus leichten Legierungen)* 5. *Eisenbetonschiffe* 6. *Schiffe aus plastischen Kunststoffen* 7. *Wasserfahrzeuge mit Außenhaut (aus Spinnstoffen)* 8. *Wasserfahrzeuge aus anderen natürlichen Stoffen (Haut, Schilfrohr, Baumrinde u. a.)*

Einteilung der Schiffe nach der Zweckbestimmung

1. Fahrgastschiffe
   a) *für den Linienverkehr* b) *für den Lokalverkehr* c) *für den Lokalverkehr auf Kurzstrecken* d) *für Rundreisen (Touristenschiffe)* e) *Vergnügungsschiffe*
2. Frachtschiffe
   a) *für den Transport von Stückgut* b) *für den Transport von Autos u. ä.* c) *für den Transport von Containern* d) *für den Transport von Holz* e) *für den Transport von Kühlgut* f) *für den Transport von Gefriergut* g) *für den Transport von Massengut* h) *Tankschiffe für den Transport von Flüssigkeiten* i) *Tankschiffe für den Transport von Gas unter Druck* j) *sonstige*
3. gemischte Schiffe (für den Transport von Fahrgästen und Fracht)
4. Schlepper und Schubschiffe
   a) *Schlepper* b) *Schubschiffe und Schubboote* c) *Schlepper, die gleichzeitig für die Schubschiffahrt verwendbar sind*
5. Technische Wasserfahrzeuge
   a) *Schwimmbagger* b) *Schwimmkräne* c) *Schwimmrammen* d) *schwimmende Elevatoren und Transporter* e) *Bergungsschiffe* f) *Arbeitsschiffe (Pontons u. a.)* g) *Bohrungsschiffe*
6. Spezielle Schiffe
   a) *Fährschiffe (Fahrgast-, Auto-, Auto- und Eisenbahnfähren bzw. Trajektschiffe)* b) *Eisbrecher* c) *Feuerlöschboote* d) *Seenot-Kreuzer, Rettungsboote und -flöße* e) *Lotsenschiffe und -boote* f) *Kabelleger* g) *Feuerschiffe und -tender* h) *Lazarettschiffe* i) *Schulschiffe* j) *Vermessungs-, Forschungs- und hydrographische Schiffe* k) *Ausstellungsschiffe* l) *sonstige Spezialfahrzeuge, z. B. Tauchboote*
7. industrielle
   a) *Fischereischiffe (Fang-, Transport-, Hilfs-, Verarbeitungs-, Walfangmutterschiffe)* b) *Schiffe und Boote für den Fang und die Zucht der übrigen Meeresorganismen (z. B. Langusten, Schwämme, Austern u. a.)* c) *Förder- und Bohrungschiffe (zur Förderung von Mineralöl oder Erzen vom Meeresgrund)*
8. schwimmende Einrichtungen
   a) *Schwimmdocks* b) *schwimmende Lager* c) *schwimmende Garagen* d) *schwimmende Hotels und Herbergsschiffe* e) *schwimmende Restaurants* f) *schwimmende Werkstätten* g) *schwimmende Pumpstationen und Energostationen* h) *schwimmende Landungsbrücken*

Haupttypen der neuzeitlichen Kriegsschiffe

A. Überwasserschiffe
I. *mit überwiegender Geschützbewaffnung*
  1. *Schlachtschiffe* 2. *schwere Kreuzer* 3. *leichte Kreuzer* 4. *Zerstörer*
  5. *Fregatten für allgemeine Zwecke* 6. *Begleit- (Eskort-) -schiffe (Flotten-begleiter)* 7. *schnelle Kanonenboote* 8. *Wachfahrzeuge (Patrouillen- und Wachboote)* 9. *Kanonenboote* 10. *Küstenpanzerschiffe (veralteter Typ)*
II. *für den Transport von Flugzeugen und Hubschraubern*
  1. *Flugzeugträger* 2. *Mutterschiffe für Wasserflugzeuge* 3. *Hubschrauber-träger*
III. *mit Raketenbewaffnung*
  1. *Raketenkreuzer* 2. *Raketenzerstörer*
IV. *mit Flugabwehr-Bewaffnung*
  1. *Flugabwehrkreuzer*
V. *mit U-Jagd-Bewaffnung*
  1. *U-Jagd-Kreuzer* 2. *U-Jagd-Zerstörer* 3. *U-Jagd-Fregatten*
VI. *überwiegend mit Torpedorohren bewaffnete*
  1. *kleine Zerstörer (ehem. Torpedoboote)* 2. *Motortorpedoboote* 3. *Schnell-boote* 4. *Küstenwachboote*
VII. *für den Minenkrieg*
  1. *Minenleger oder -träger* 2. *Minensuch- und -räumboote (in Küsten-gewässern)* 3. *Minenräumboote auf Binnengewässern* 4. *kleine Minen-räumboote (Hunter)*
VIII. *Landungsschiffe und -boote*
  1. *Landungsschiffe und -boote für Mannschaften* 2. *Landungsschiffe und -boote für Panzer*
B. Unterwasserschiffe
  1. *Raketen-U-Schiffe* 2. *U-Boote normalen Typs* 3. *U-Jagd-U-Boote* 4. *klassische U-Boote alten Typs*
C. Hilfskriegsschiffe
  1. *Transportschiffe für Mannschaften (Truppentransporter)* 2. *Versor-gungsschiffe (Fracht- und Tankschiffe)* 3. *U-Boot-Mutterschiffe* 4. *Mut-terschiffe für Zerstörer* 5. *Mutterschiffe für Hilfsminenräumboote* 6. *Fre-gatten zur Fernlenkung von Flugzeugen* 7. *Forschungsschiffe* 8. *Reparatur-schiffe* 9. *Bergungsschiffe* 10. *Segelschulschiffe* 11. *Taucherschulschiffe* 12. *Artillerie-Schulboote und Schulkreuzer* 13. *Spezielle Hilfsschiffe (Kabelleger, Tender usw.)*

Haupttypen der Takelung von Sportjachten und Kleinseglern

Kutter   Yawl   Ketsch

Slup   Bermuda Slup   Schoner
älteren Typs

Haupttypen der Takelung der großen Segelschiffe

Brigg

Viermastvollschiff
(Viermaster)

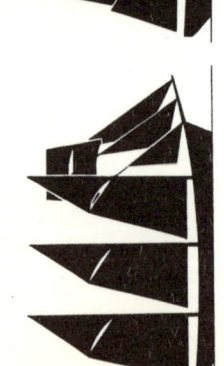

Dreimastschoner

Schonerbark

Schonerbrigg

Bark

Träger des BLAUEN BANDES im 20. Jahrhundert

Name des Schiffes	Staat	Jahr	Erzielte Geschwindigkeit (Knoten)	Raumgehalt BRT	Hauptmasse L ü.a. × B	Leistung der Hauptantriebsanlagen PS	Zahl der Fahrgäste
Mauretania	Großbritannien	1907	26,9	35 674	231,64×26,82	70 925	2 165
Bremen	Deutschland	1929	27,91	51 636	274 ×31	125 000	2 224
Rex	Italien	1933	29,61	51 061	253,1 ×29,5	144 000	1 936
Normandie	Frankreich	1935 1937	30,31 31,2	83 243	313,75×35,9	160 000	1 975
Queen Mary	Großbritannien	1936 1938	30,63 31,69	81 235	310,74×35,97	162 170	2 139
United States	USA	1952	35,59	53 329	301,80×30,97	240 000	2 008

Übersicht der Welthandelsflotten

Schiffe (Dampf- und Motorschiffe) von einem Raumgehalt von 100 BRT und darüber nach der staatlichen Zugehörigkeit (in Tausenden BRT)

Liberien 65 820

Japan 39 740

Großbritannien und Nordirland 33 157

Norwegen 26 154

Griechenland 22 527

UdSSR 19 236

USA (einschließlich Schiffsreserven) 14 587

Panama 13 667

Frankreich 10 746

Italien 10 137

BRD 8 517

Schweden 7 486

Niederlande 5 679

Spanien 5 433

Dänemark 4 478

Singapore 3 892

Indien 3 869

Zypern 3 221

Volksrepublik China 2 828

Polen 2 817

Übrige Staaten 37 171

342 162 *(Tausend BRT)*

Von diesem Weltraumgehalt entfallen auf die Tankschiffe 150 057 000 BRT und auf Erz- und Schüttfrachtschiffe 61 832 000 BRT.
Die Zahl der Schiffe sämtlicher Typen von einem Raumgehalt über 100 000 BRT beträgt 479. Davon sind 59 Schiffe von einem Raumgehalt über 140 000 BRT. Fünf von diesen Schiffen sind die Schiffe für gemischte Fracht (Erze, Schüttgut, Öl), sog. ore/bulk/oil carriers.
Mehr als 64 % der Handelsflotte sind Schiffe jünger als 10 Jahre.
Mehr als 63 % der Welthandelsflotte wird mit Dieselmotoren angetrieben.
Von der Gesamtzahl von 63 724 Schiffen sind daher 57 767 Motorschiffe.

Anmerkung:
Die Angaben in dieser Tabelle wurden aus den statistischen Tabellen des Lloyd' s Register of Shipping 1975 übernommen.

FARBTAFELN

ÄGYPTISCHES SEESCHIFF

Über das Aussehen des Schiffes gibt ein Relief im Dar-el-Bahar-Tempel aus der Zeit der Regierung der Königin Hatschepsut, d. i. etwa 1500 Jahre v. Chr., Auskunft. Zum Bau dieser Schiffe wurde importiertes Zedernholz verwendet. Das Schiff war etwa 30 m lang, verhältnismäßig breit, hatte einen flachen Boden und war dadurch für die Nilschiffahrt verwendbar. Zur Stützung des stark hochgezogenen Bugs und Hecks diente ein mächtiges Tau, das beide Enden des Fahrzeugs umspannte, über Böcke durch die Schiffsmitte geführt war und durch einen besonderen Balken gespannt wurde. Die Konstruktion bestand aus übereinandergelegten und durch Stifte miteinander verbundenen Planken. Anstelle eines Gürtels aus Tauen, der bei den älteren ägyptischen Schiffen den Oberteil der Außenhaut umspannte, wurden zur Verstärkung der Querkonstruktion Decksbalken eingezogen, die durch die Außenhaut hindurch stießen und mit ihr durch Holznägel fest verbunden waren. Kiel, Steven und Spanten als typische Schiffskonstruktionselemente waren damals nicht bekannt. Die Schiffe jener Zeit hatten ein Deck mit je einer Plattform an Heck und Bug, wo sich die Standplätze des Schiffsführers und der Steuerleute befanden. Das Heck des Schiffes schmückte als Abschluß die Nachbildung einer Lotosblume. Die Schiffe wurden von etwa 30 zu beiden Seiten stehenden Ruderern fortbewegt. Zusätzlich waren sie noch mit einem Rahsegel versehen, das, zwischen zwei Rahen gespannt, an einem festen Mast befestigt war und niedergeholt werden konnte. An jeder Seite war ein Steuerruder mit einem verbreiterten Blatt eingehängt.

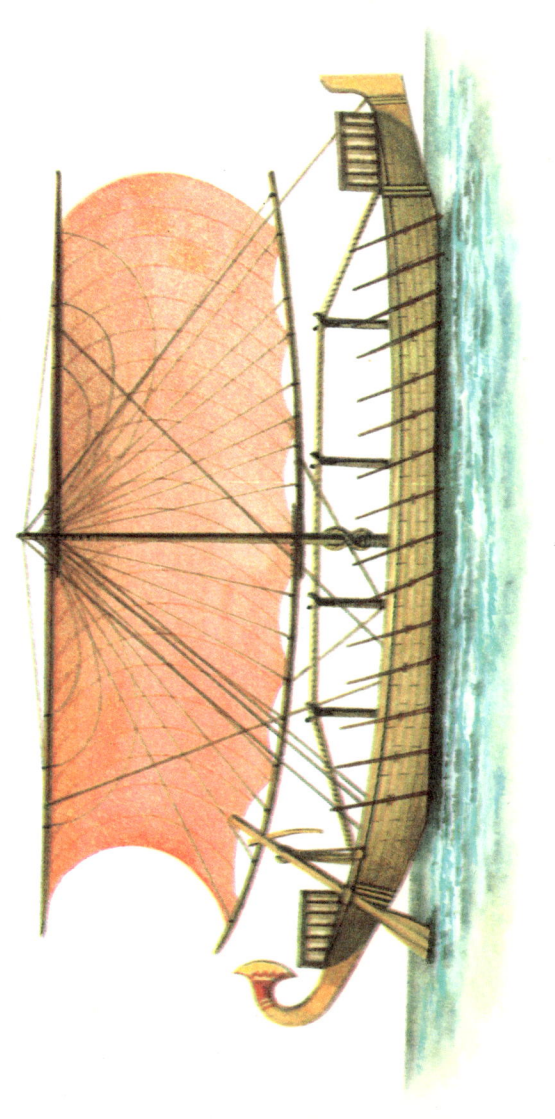

PHÖNIZISCH-ASSYRISCHES SCHIFF

Das Schiff ist auf den Überresten des um 700 v. Chr. entstandenen Königspalastes Nimruds im alten Ninive abgebildet. Die Szene stellt eine Fahrt auf dem Tigris dar. Es handelt sich um ein Kriegsfahrzeug, das wahrscheinlich von phönizischen Schiffbauern aus Zedernholz gebaut wurde, mit einem am Bug zu einer kegelförmigen Ramme verlängerten Kiel. Strittig ist bislang, ob diese Ramme kriegerischen Zwecken diente, nur an einen Fischkopf erinnern oder die Schiffsform zu einer Mondsichel ergänzen sollte. Das Schiff hatte einen senkrechten Vorsteven, ein bauchiges Heck, hohe Seiten mit einer zwei Ruderreihen schützenden Beplankung. Zum Unterschied von den ägyptischen Schiffen war das Deck verstärkt. Hier fanden die Krieger Platz, die an den Seiten durch kreisförmige Schilde geschützt waren. Außer durch Riemen wurde das Schiff mit Hilfe eines viereckigen, an einem stabilen Mast befestigten Rahsegels angetrieben. Abweichend von den ägyptischen Schiffen war das Segel mit Gordings versehen, die man vom Deck aus betätigte. Gesteuert wurde das Schiff durch zwei Steuerruder, die zu beiden Seiten am Heck befestigt waren. Das Schiff war etwa 30 m lang und hatte ca. 2 m Tiefgang.

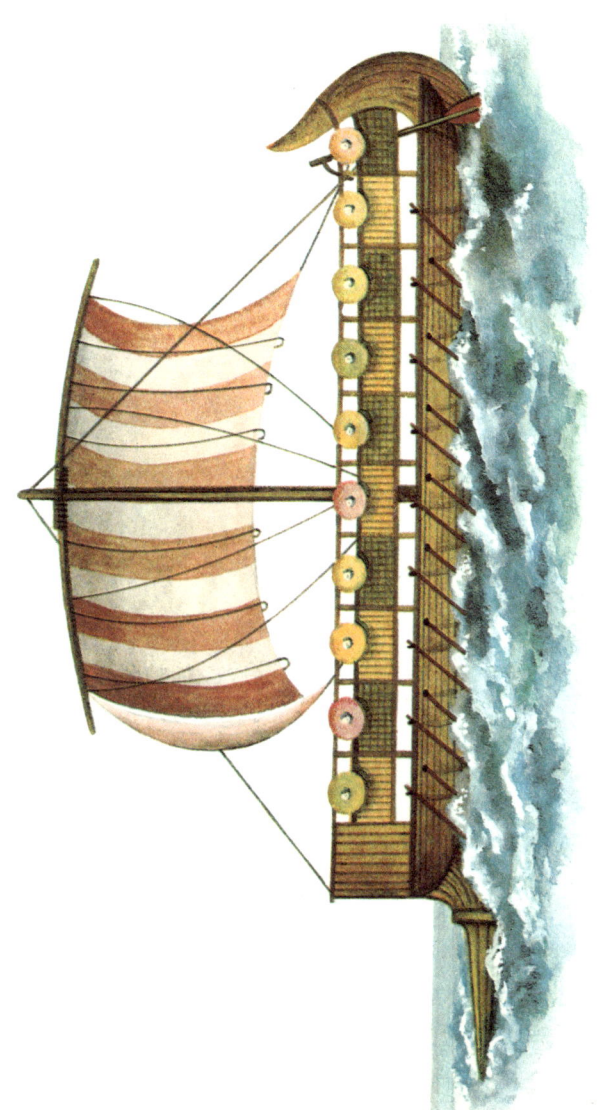

GRIECHISCHE KRIEGSTRIERE

Dieser Schiffstyp entstand in der 2. Hälfte des 6. Jahrhunderts v. Chr. Seine Gestalt ist zum Teil auf einem Relief im Erechteion-Tempel auf der Akropolis in Athen abgebildet. In der Rumpfachse befand sich ein Kielschwein aus Eichenholz, an dem Spanten befestigt waren. Am Bug lief das Kielschwein in eine scharfe, mit Bronze beschlagene Ramme, am Heck in den Hintersteven aus, der über dem Deck nach vorn zurückgebogen war und mit einem Fächer oder einem Gänse- oder Schwanenkopf endete. Von der leicht erhöhten Plattform am Heck aus wurde die Triere durch zwei Steuerruder mit verbreiterten Blättern gesteuert, die an den Seiten des Fahrzeugs befestigt waren. Der Antrieb erfolgte durch drei übereinanderliegende Riemenreihen. Die obere Reihe war in vorgeschobenen Auslegern befestigt. Jeder Riemen wurde von einem sitzenden Ruderer bedient. Die unteren Reihen waren von der Außenhaut gedeckt. Die Höchstzahl der Riemen betrug 170. Mittschiffs war ein abnehmbarer Mast mit einem viereckigen Segel, das nur bei günstigem Wind verwendet wurde. Die späteren Trieren hatten am Bug einen weiteren, kleineren, nach vorn geneigten und ebenfalls mit einem viereckigen Segel versehenen Mast. Die Segel wurden mit Hilfe von über Rollen geführten Gordings bedient. Die Schlagkraft der Triere bildeten die Ramme und die auf dem Oberdeck befindlichen Krieger.

Bei einer Breite von 6 m und einem Tiefgang von 1 m waren die schnellen und wendigen Trieren bis 36 m lang. Die Besatzung zählte einschließlich der Krieger ca. 200 Mann.

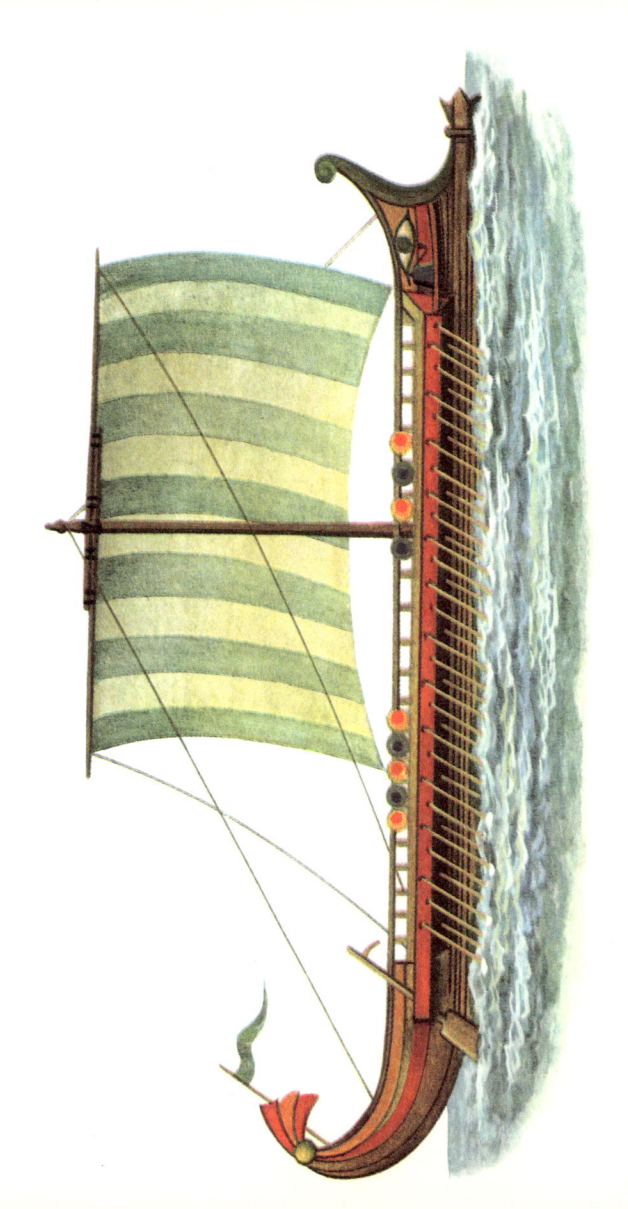

RÖMISCHES KRIEGSSCHIFF

Die römische Bireme aus der Zeit der Kriege zwischen Rom und Karthago um die Oberherrschaft über das Mittelmeer ist auf zeitgenössischen Reliefen abgebildet. Es handelt sich um ein plumpes Fahrzeug von Spantenkonstruktion mit einem am Bug in einer dreizahnigen Ramme auslaufenden Kiel und mit hochgezogenen Steven. Den Vorsteven krönte gewöhnlich eine Schutzwand gegen die Wellen, die den Kriegern als Deckung diente. Den Hintersteven schmückte die Nachbildung eines Palmblatts. Bug und Heck waren an den Seiten reich mit Schnitzwerk verziert. Der Antrieb erfolgte durch zwei Reihen von Ruderern, die durch die seitliche Beplankung gedeckt waren. Jeden Riemen betätigten mehrere Ruderer. Mittschiffs erhob sich gewöhnlich ein Mast mit einem großen viereckigen Rahsegel, das gerefft werden konnte. Den Bug überragte ein schiefer Mast — der Artemon — mit einem kleinen viereckigen Segel. Am Heck befand sich ein Schutzdach für den Schiffskommandanten. Gesteuert wurde das Schiff von zwei zu beiden Seiten des Hecks festgemachten Rudern. Für die Kampfhandlungen war das Schiff am Bug mit einer Fallbrücke mit Ballast und mehreren Haken ausgestattet. Sie war nach allen Richtungen hin drehbar und hing an einem 8 m hohen Pfeiler. Wenn das feindliche Schiff geentert war, griffen die römischen gepanzerten Krieger von dieser Brücke aus an. Das Deck überragten am Bug, mitunter auch am Heck, turmartige Aufbauten für die Schützen und verschiedene Wurfmaschinen. Die Siege der Römer im Seekrieg sind auf ihre mächtigen gepanzerten Schiffe und darauf zurückzuführen, daß sie die Taktik des Fußkampfes auf die Decks der feindlichen Schiffe verlegten.

RÖMISCHES HANDELSSCHIFF

Darstellungen dieser Schiffe (sog. Corbita) erschienen auf den Sarko-
phagen römischer Reeder aus dem 2. Jahrhundert v. Chr. Zum
Unterschied von den griechischen Schiffen waren die römischen vorn
runder, von stärkerer Konstruktion, auch Kiel und Steven waren
besser ausgearbeitet. Den verlängerten Hintersteven schloß ein Schwa-
nen- oder Gänsekopf ab. Am Heck befand sich ein Aufbau für den
Schiffsführer und die Fahrgäste. Eine auffallende Verbesserung bestand darin, daß der unter der Wasserlinie liegende Teil des Rumpfes
durch dünne Bleibleche geschützt war. Die Außenhaut wurde in der
Regel an den Seiten durch Außenbordleisten verstärkt. Das Schiff
hatte zwei Maste. Der Großmast stand mittschiffs und trug ein großes
viereckiges Rahsegel und darüber mitunter auch ein kleineres dreieckiges Toppsegel, das gewöhnlich wegen des Vorstags durchschnitten
war. Schräg über den Bug heraus ragte ein kleinerer Mast, der sog.
Artemon, mit einem kleinen viereckigen Segel, der im Hafen als
Ladebaum diente. Das Großsegel wurde mittels Geitaue, die durch
Ringe auf der Vorderseite des Segels liefen, gerefft. Das Vorstag und
die Wanten wurden mit Jungfernblöcken und Taljenreep gespannt.
Gesteuert wurde das Fahrzeug durch zwei zu beiden Seiten einge-
hängte und mit Pinnen versehene Ruder. Es hatte gewöhnlich zwei
je 20—25 kg schwere Anker, die mit den zugehörigen Tauen an Deck
gelagert wurden.
Diese Schiffe erreichten bei einer Breite von 9—12 m eine Länge von
30—45 m und eine Tragfähigkeit von 100—150 t.

WIKINGERSCHIFF

Das Seeschiff der germanischen Vorfahren der heutigen Skandinavier, mit dem sie vom 5. bis zum 12. Jahrhundert n. Chr. die Küstenstriche Nordeuropas beherrschten, England eroberten und kolonisierten, Island und Grönland entdeckten und um das Jahr 1000 in Nordamerika auf dem Gebiet des heutigen Neufundland landeten, war das sogenannte Drachenschiff.

Drachenschiffe waren schlanke Kielschiffe von fester Spantenkonstruktion mit Klinkerhaut, deren Konstruktionsteile durch hölzerne Keile und Zapfen verbunden waren. Bug und Heck waren scharf, von gleicher Form, Vor- und Hintersteven hochgezogen und gewöhnlich mit einem geschnitzten Drachenkopf oder einer Spirale abgeschlossen. Als Baumaterial wurde Eichenholz verwendet. Die Schiffe erreichten eine Länge bis 25 m, waren decklos, hatten einen Bodenrost, wurden durch Riemen — bis 16 an jeder Seite — und durch ein großes viereckiges Rahsegel, das sich niederholen ließ, angetrieben; der Mast war kipp- und abnehmbar. Als Steuer diente ein breites Ruder mit Pinne, das drehbar an einem Zapfen, meistens an der rechten Seite hing. Die Ruderer waren gegen Unwetter und Gefahren durch an den Seiten befestigte runde Schilde oder durch ein Schutzdach aus Segeltuch geschützt.

Zahlreiche Funde von Wikingerschiffen befinden sich in den Marinemuseen der skandinavischen Staaten (Funde aus Nydam, Oseberg, Gokstad, Kvalsund u. a.). Von den Normannen, dem Wikingerstamm, der in der 2. Hälfte des 11. Jahrhunderts England eroberte, von der Bauart und Form ihrer Schiffe können wir uns an Hand eines Gobelins aus Bayeux vom Ende des 11. Jahrhunderts ein vollkommenes Bild machen.

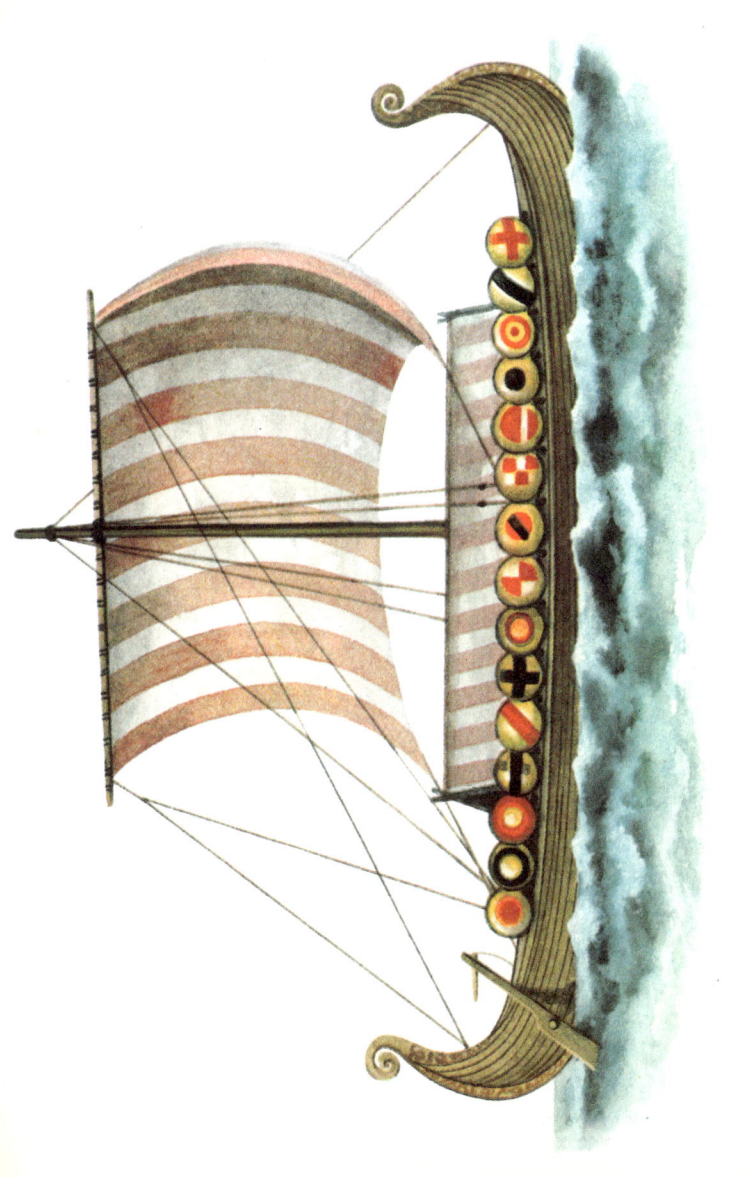

KREUZFAHRERSCHIFF AUS DEM 13. JAHRHUNDERT

Schiffe dieses Typs beherrschten das Mittelmeer im 12. und 13. Jahrhundert, zur Zeit der Kreuzzüge und Pilgerfahrten ins Heilige Land. Sie entstanden aus den bauchigen Handelsschiffen dieses Gebiets, die dem Transport einer großen Menge von Menschen, Tieren und Gütern angepaßt wurden. Es waren Spantenschiffe mit durchlaufendem Deck, rundem Bug und mit vorragenden Aufbauten, sog. Kastellen am Heck. Anfangs waren diese Kastelle nur Plattformen mit einem Geländer; sie verschmolzen erst später mit dem Schiffsrumpf zu einem Ganzen. Die Geländer der Kastelle waren mit den Schilden und Wappen der mitreisenden Edelleute verziert. Ein Segeltuchdach bot vor den Unbilden der Witterung Schutz. Diese Fahrzeuge waren Segelschiffe, anfangs mit einem hohen Mast mittschiffs und einem Lateinsegel, später mit einem weiteren Mast am Bug und gleichfalls mit Lateinsegel ausgestattet. Beide Maste standen verhältnismäßig nahe beieinander. An ihrer Spitze hingen Körbe, die nicht nur als Ausguck dienten, sondern bei Kämpfen mit Schützen besetzt wurden. Das Schiff wurde von zwei an den Heckseiten vorragenden Rudern gesteuert.

Einzelheiten über das Aussehen dieser Schiffe und das beschwerliche Leben während der Seereise können wir verschiedenen Handelsverträgen aus dieser Zeit und Beschreibungen der Kreuzzüge entnehmen. Die Besatzung zählte bis 130 Mann. Bei einer Länge bis zu 31,5 m an der Hauptwasserlinie und einer größten Breite am Hauptspant von 14,3 m erreichte das Schiff eine Tragfähigkeit von rund 560 t und beförderte einige Hundert Fahrgäste.

HANSEATISCHE KOGGE

Der in nautischer Hinsicht am besten entsprechende Typ der mittelalterlichen Handelsschiffe im Nord- und Ostseebereich waren die
Koggen. Sie hatten sich aus den von den Bewohnern der friesischen
Inseln benutzten Schiffen und den sog. Hulks, geräumigen Flußfahrzeugen vom Niederrhein und der Maas, entwickelt. Ihr Name geht auf
die Weinfässer zurück, deren Transport zwischen England und dem
europäischen Kontinent anfangs nur Koggen besorgten. Diese Fahrzeuge waren Kielschiffe mit Klinkerbeplankung, durchlaufendem
Deck, löffelförmigem Bug und vollem Heck, an dem in der Schiffs-
achse das Heckruder angebracht war. Dieses Ruder sowie das viereckige große Rahsegel an dem hohen mittschiffs stehenden Mast
sind die Hauptmerkmale der Koggen. An Bug und Heck befanden
sich feste, den Umriß des Schiffs überragende Aufbauten, sog. Kastelle,
die sowohl als Unterkunft wie auch Kampfzwecken dienten. Im Laufe
des 15. Jahrhunderts kam zum Großmast ein kleinerer, der Fockmast,
mit viereckigem Segel am Bug hinzu, später noch ein dritter, kleinerer
Mast am Heck mit einem dreieckigen Lateinsegel. Der neben dem
Vorsteven angebrachte Bugspriet diente nicht nur zum Fallenlassen
des Ankers und zum Laden der Fracht, sondern auch schon zur Festi-
gung der Fockmaststage. Groß- und Fockmast trugen an ihrer Spitze
runde Mastkörbe.
Die Koggen wurden die gebräuchlichsten Fahrzeuge des 1241 ge-
gründeten Städtebundes der Deutschen Hanse und eigneten sich
nicht nur zum Gütertransport, sondern erfüllten bei den Kämpfen
mit den Piraten und den konkurrierenden Staaten England und Dänemark auch militärische Zwecke. Ihre durchschnittliche Tragfähigkeit,
die im 13. Jahrhundert 300 t betrug, war am Ausgang des 15. Jahrhunderts auf 570 t gestiegen.

KARACKE

Dieser Schiffstyp hatte sich im Mittelmeer als Gegenstück zu den Koggen herausgebildet. Zum Unterschied von diesen hatten die Karacken größere Ausmaße, eine bauchigere Form mit hohen Seiten und einen größeren Flächeninhalt an der Konstruktionswasserlinie als am Oberdeck. Bug und Heck trugen gewöhnlich gegen die Deckmitte zurücktretende Aufbauten — Kastelle. Das Bugkastell ging in den überhängenden dreieckigen sog. Karackenbug über, das Heckkastell war rechteckig und in der Regel nicht höher als das Bugkastell. Statt des einen Mastes der Koggen hatte die Karacke zwei weitere Maste, einen Besanmast mit Lateinsegel und einen kurzen Mast am Bugkastell mit einem viereckigen Rahsegel. Aus dem Bug ragte ein schiefer Mast vor, der Keim des späteren Bugspriets, der zur Befestigung der Fockmaststage diente und später gleichfalls ein viereckiges Segel trug. Die Planken der Haut waren von außen an den Stellen der Wanten des Großmastes durch mächtige Außenbordleisten verstärkt. Die Steuerung des Schiffs erfolgte ebenso wie bei den Koggen durch das Heckruder.
Sobald die Karacken im Atlantik und in der Nordsee auftauchten, wurden sie von den dortigen Seefahrern übernommen und bald verbessert. Groß- und Fockmast wurden verlängert und zu den großen Rahsegeln kam je ein kleines, gleichfalls viereckiges Toppsegel hinzu, wodurch die Manövrierfähigkeit des Fahrzeugs gesteigert wurde.
Eine Karacke kleineren Typs war auch das Flaggschiff des Kolumbus, die „Santa Maria", die nur das Toppsegel am Großmast und ein etwas niedrigeres Bugkastell hatte. Maße: Länge 23 m, Breite 6,7 m, Tiefgang 2,8 m, Wasserverdrängung 237 t; die Besatzung zählte 90 Mann.

KARAVELLE

Die Karavellen entstanden im Mittelmeerraum. Die Form des Schiffskörpers und die dreieckigen Segel erinnern an die arabischen Fahrzeuge dieses Bereichs. Ursprünglich waren es kleine, schnelle und
wendige Schiffe mit einer Tragfähigkeit von etwa 200 t, mit einem
nach vorn geneigten Mast und einem großen Lateinsegel. Die Karavellen der späteren Zeit wiesen eine schlankere Form auf und hatten
2—3 Maste mit Lateinsegeln; der Fockmast trug manchmal an deren
Stelle ein viereckiges Segel. Am Heck des Schiffes erhob sich ein lang-
gezogenes Kastell. Die Karavellen hatten einen geringen Tiefgang
und eine Tragfähigkeit von 400 t. Ihre Außenhaut war glatt und aus
stumpf gegeneinanderstoßenden Planken gebildet, woraus die Bezeichnung Kraweelbeplankung abgeleitet wurde. Die Steuerung des
Schiffes erfolgte durch ein Heckruder.
Die Schiffe der Flottille des Kolumbus „Pinta" und „Nina" waren
ebenfalls Karavellen. Die Ansichten über ihre Form und Besegelung
gehen auseinander. Das Lateinsegel der „Pinta" ließ Kolumbus auf
den Kanarischen Inseln gegen ein viereckiges auswechseln.

Maße:	*„Pinta"*	*„Nina"*
Länge	20,1 m	17,3 m
Breite	7,3 m	5,6 m
Tiefgang	2 m	1,9 m
Wasserverdrängung	167,4 t	101,2 t
Besatzung	65	40

war eine viermastige Karacke, die Heinrich VIII. (1491—1547) nach dem Vorbild der Genueser und Lübecker Karacken als Flaggschiff seiner Kriegsflotte erbauen ließ. Sie lief 1514 vom Stapel und war mit ihrer Tragfähigkeit von 1 000 t das größte Schiff jener Zeit. Die „Great Harry", wie sie kurz benannt wurde, hatte eine Länge von 51 m, 8 Decks mit 180 Kanonen und eine große Segelfläche. Im Jahre 1520 führte Heinrich VIII. das Schiff an der Spitze seiner Flotte von Dover nach Frankreich. Es hatte 700 Mann Besatzung und Soldaten sowie 385 Kanonen verschiedener Kaliber an Bord. Wegen seiner schlechten Stabilität konnte es bei starkem Wind nicht auf hohe See auslaufen. Daher wurde es in den Jahren 1536—1539 vollständig umgebaut und hatte nachher 6 Decks, 151 schwere Kanonen, ein Schutznetz gegen Enterung und 400 Mann Besatzung. Das Schiff erhielt eine mächtige Rumpfkonstruktion mit Kraweelbeplankung. Die Takelung wies im Vergleich zu den Karacken jener Zeit eine bedeutende Verbesserung auf und bestand aus insgesamt 12 Segeln: einem viereckigen am Bugspriet, je 3 viereckigen am Fock- und Großmast, drei und zwei Lateinsegeln auf dem Besan- und Bonaventura-Mast. Die hohen Aufbauten der älteren Bauweise wurden jedoch beibehalten.

Die „Great Harry" griff in das Kriegsgeschehen jener Zeit nicht ein. Dennoch stellte sie besonders durch ihre Takelung und ihre mächtige Konstruktion eine weitere Entwicklungsstufe im Schiffbau dar. Im Jahre 1593 wurde sie durch einen am Deck ausgebrochenen Brand vernichtet.

GALEONE

Die Galeone war ein im 16. Jahrhundert von den spanischen und portugiesischen Seefahrern aus der Karacke abgeleiteter Schiffstyp, der den Bedürfnissen der Kolonisationszeit entsprach und Handels- wie Kriegszwecken diente. Die Galeonen waren größer und schlanker als die Karacken, ca. 50 m lang, 14 m breit, und hatten eine Wasserverdrängung bis 1600 t. Die Zahl der Maste, ursprünglich 4, wurde schließlich auf 3 beschränkt, sie waren geteilt und trugen 3 bis 4 viereckige Segel, der Besanmast gewöhnlich ein Lateinsegel. Der an dem langgezogenen Vorsteven (Galion) angebrachte Bugspriet trug gleichfalls ein viereckiges Segel (Blinde). Die Galeonen hatten mehrdeckige Kastelle, von denen das hintere höher als das vordere war; sie waren jedoch alle niedriger als bei den Karacken, so daß der Umriß des Oberdecks ausgeglichener wirkte. Das Heckkastell war mit geschnitzten Galerien ausgestattet. Das Heck von Galeonen wurde als Spiegelheck geformt.

Die Galeonen bildeten den Kern der spanischen Kriegs- und Handelsflotte. Wegen ihrer guten Fahrteigenschaften wurden sie auch von den übrigen seefahrenden Nationen übernommen, unter denen besonders die Engländer zu erwähnen sind, die sie auf das vollkommenste bewaffneten, weiter verbesserten und so den Typ des Liniensegelschiffes schufen.

Ein Beispiel für ein solches Fahrzeug ist die „Sovereign of the Seas". Sie wurde 1637 von Phineas Pett als größtes und schönstes Kriegsschiff jener Zeit erbaut. Bei diesem Projekt wurden zum erstenmal wissenschaftliche Erkenntnisse verwertet und die angewandte Mathematik und Geometrie herangezogen. Ihre Bestückung bestand aus 100 über 3 Decks verteilten Kanonen, die Rumpflänge betrug 56,5 m, die größte Länge 76 m, die Breite 15,2 m.

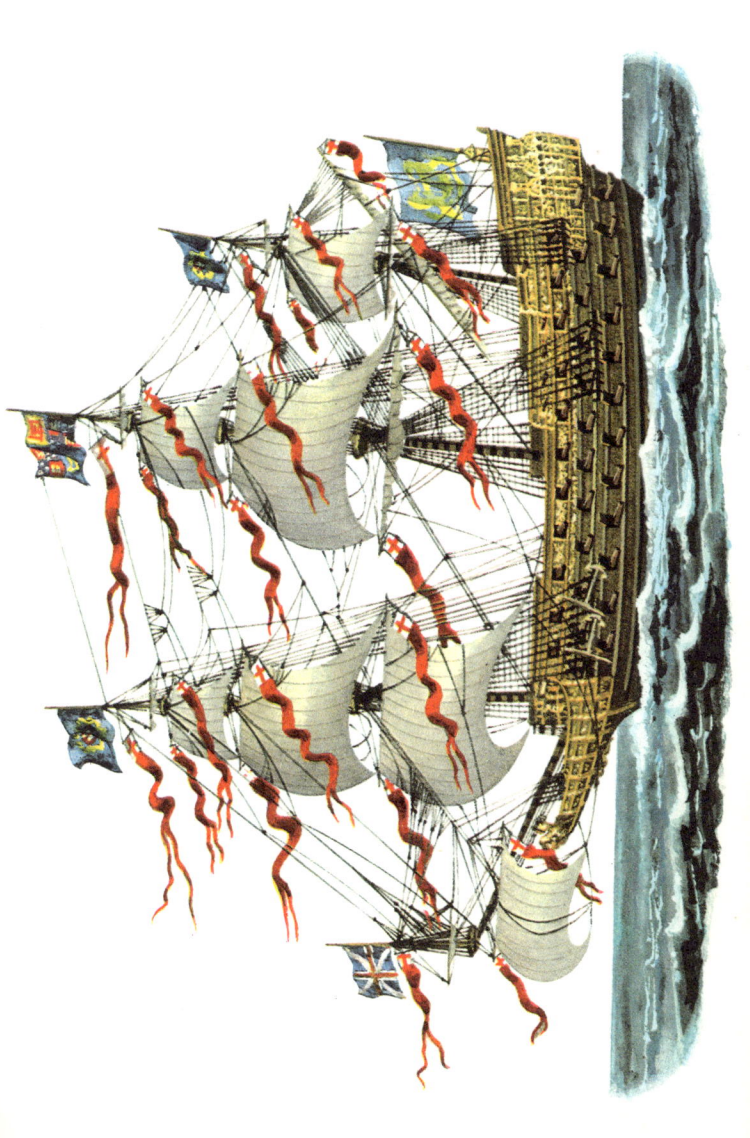

RIEMENGALEERE AUS DEM 17. JAHRHUNDERT

Die mittelalterlichen Riemengaleeren leiten ihre Entstehung von den altertümlichen griechischen und römischen Galeeren und von deren Nachfolgern, den dalmatinischen Liburnen und den byzantinischen Dromonen her. Seit dem 11. Jahrhundert bildeten sie einen der am häufigsten verwendeten Schiffstypen der italienischen Stadtstaaten und dienten Handels- wie Kriegszwecken. Im 16. Jahrhundert erreichten sie Längen bis 49 m, bei einer Breite von 7,5 m, fortbewegt wurden sie durch 48 je 13 m lange Riemen, deren jeden 3 Ruderer handhabten. Im 18. Jahrhundert hatten sie bereits eine Länge bis 56 m, bei 8,5 m Breite, 51 Riemen, deren jeder von 5 Mann bedient wurde, und eine Wasserverdrängung von 200—280 t. Die Galeeren hatten in der Regel 2 bis 3 Maste mit großen lateinischen, an zweiteiligen langen Rahen hängenden Segeln. Die Kriegsgaleeren trugen am Bug einen Aufbau (Batterie) mit meistens 5 Kanonen und am Heck einen die Seiten des Fahrzeugs überragenden Aufbau für den Kommandanten und die Offiziere der an Deck befindlichen Krieger, die geenterte feindliche Schiffe angriffen.
Ein charakteristisches Merkmal der reich mit Schnitzwerk, Flaggen und Wimpeln geschmückten Galeeren war der scharfe, langgezogene Bug. Als Ruderer wurden anfangs freie Bürger angeworben, später fast ausschließlich Kriegsgefangene, Sklaven und Sträflinge herangezogen, die unter unmenschlichen Bedingungen leben mußten. An der Schlacht bei Lepanto im Jahre 1571, die als eine Galeerenschlacht bezeichnet wird, waren auf beiden Seiten über 100 Fahrzeuge beteiligt. Die Galeeren waren noch in der Kriegsflotte Ludwigs XIV. gegen Ende des 17. Jahrhunderts stark vertreten.
Später kam der Riemenantrieb nur noch vereinzelt, und zwar bei der Küstenschiffahrt und einigen kleineren Fahrzeugtypen vor.

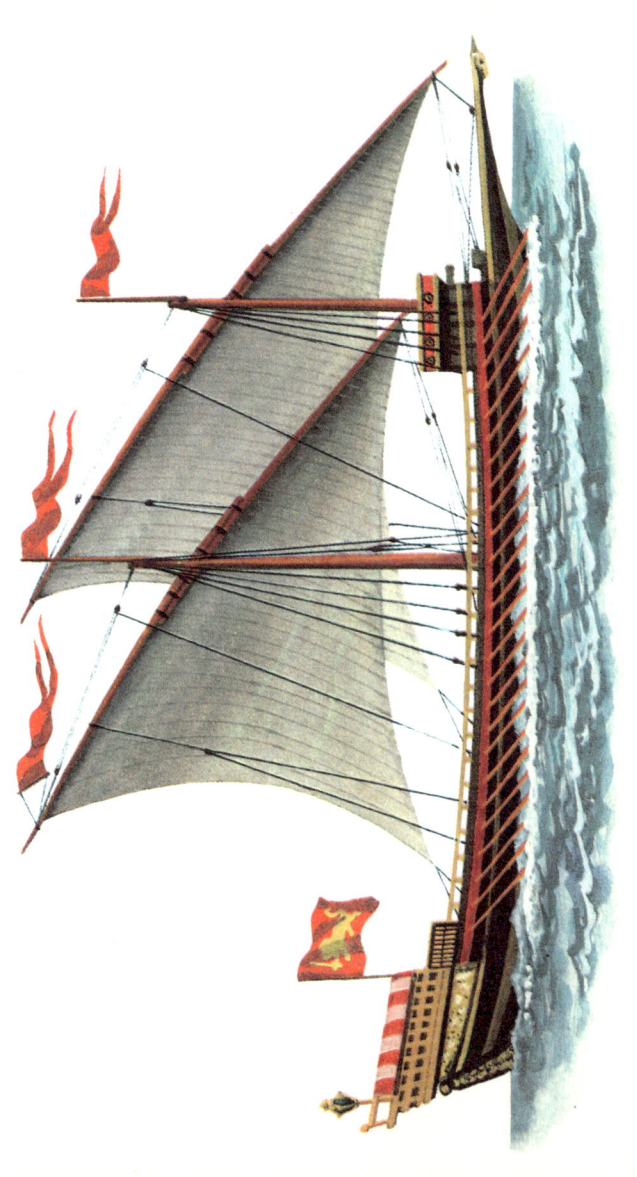

„MAYFLOWER"

Im Jahre 1620 stach der Dreimaster „Mayflower" mit einer Gruppe von etwa 130 englischen Puritanern aus Plymouth in See und erreichte unter der Führung des Kapitäns Jones von Rotherhithe nach 67 Tagen die Küste Nordamerikas, im heutigen Massachusetts, wo sie die erste englische Siedlung in Neuengland gründeten. Überlieferten Berichten zufolge war die „Mayflower" mit einer Tonnage von 180 Tonnen um d. J. 1590 ursprünglich für den Weintransport gebaut worden. Auf Grund des Modells, das Dr. R. C. Anderson 1926 anfertigte und das heute in Pilgrims Hall in Plymouth, Mass. aufbewahrt wird, wurde 1956 eine Kopie des Originalschiffs gebaut. Die „Mayflower" hatte nach dem Modell Karackentakelung und das Aussehen einer kleineren Galeone. Am 27. April 1957 verließ die „Mayflower II." mit 30 Mann Besatzung unter dem Kommando des Kapitäns Alan Villiers den kleinen Fischerhafen Brixham in Devon. Aus dem britischen Plymouth lief sie am 20. April aus und langte nach 54 Tagen in Plymouth in Massachusetts ein. Während die „Mayflower" der Pilgerväter den nördlichen Weg über den Atlantischen Ozean eingeschlagen hatte, nahm „Mayflower II." Kurs nach Süden auf Madeira und die Kanarischen Inseln. Den 5500 Seemeilen langen Weg legte sie um 13 Tage schneller zurück als ihre berühmte Vorgängerin im Jahre 1620.

Mit dem Bau dieses Schifftyps, der den Ruhm des holländischen Handels im 17. Jahrhundert begründete, wurde 1595 in der Stadt Hoorn begonnen und 20 Jahre später war seine Entwicklung abgeschlossen. Hauptmerkmale der Fleuten waren ein größeres Verhältnis der Länge zur Breite als es bisher üblich gewesen war (4 : 1) und die volle Form des Rumpfes auf der Konstruktionswasserlinie mit nach oben stark zurückweichenden Bordseiten, die den Schiffen ein bauchiges Aussehen verliehen. Das Deck stieg nach achtern steil an, verengte sich und endete mit einem unscheinbaren Aufbau, der sich aus dem Heckkastell entwickelt hatte. Zum Unterschied von den Galeonen hatten die Fleuten kein Spiegelheck, sondern ein rundes Heck, das von der flachen, sich verjüngenden Rückwand des Aufbaus überragt wurde. Die Pinne des Heckruders wurde durch eine ovale Öffnung in der Rückwand des Aufbaus betätigt, die auch zum Laden längerer Frachtstücke, z. B. von Holz diente. Die Fleuten hatten drei ziemlich hohe Maste, von denen der Besanmast ein dreieckiges Lateinsegel, der Fock- und der Großmast je 2 trapezförmige Segel trugen. Am Bugspriet war ein viereckiges Rahsegel angehängt. Die Fleuten erreichten eine Länge bis zu 42 m. Zu ihrer Verteidigung waren die Fleuten mit 4—6 Kanonen bestückt.

Im Hinblick auf die vereinfachte Bedienung der Segel waren für die Fleuten kleinere Besatzungen erforderlich, ein Grund für die rasche Verbreitung dieses Schiffstyps, insbesondere im Bereich Westeuropas, wo er verbreitet für Handelsfahrten nach den Westindischen Inseln verwendet wurde.

„LA COURONNE"

Im Jahre 1638, ein Jahr nachdem die Engländer die mächtige neue Galeone von 100 Kanonen „Sovereign of the Seas" vollendet hatten, wurde in Frankreich, in Roche-Bernard das Schiff „La Couronne" vom Stapel gelassen. Es war das erste Schiff, das nach den in dem theoretischen Werk des Paters Fournier „L'Hydrographie" angeführten wissenschaftlichen Anleitungen gebaut wurde. „La Couronne" war eine dreimastige Galeone mit 2 Kanonendecks und 1 800 t Wasserverdrängung. Ein typisches Merkmal dieses Fahrzeugs war das lange Galionsdeck mit dem niedrig auslaufenden Vorsteven, so daß die Bordkanonen auch direkt nach vorn schießen und das Schiff gegen angreifende Galeeren erfolgreich verteidigen konnten. Fock- und Großmast trugen 3 Rahsegel, der Besanmast ein Latein- und ein viereckiges Toppsegel. Ein weiteres Segel befand sich am Bugspriet. Die Segelfläche hatte ein Ausmaß von ca. 12 000 m². „La Couronne" war am Bug und vor allem am Heckaufbau mit seinen Galerien und hohen Erkerfenstern reich mit bemaltem Schnitzwerk verziert.
Zum Unterschied von der „Sovereign of the Seas" hatte „La Couronne" nur 80 Kanonen, praktisch jedoch die gleiche Feuerkraft, denn die untere Kanonenreihe der englischen Galeone konnte auf hoher See im Hinblick auf die schlechtere Stabilität des Schiffes nicht eingesetzt werden.
„La Couronne" bewährte sich in nautischer Hinsicht sehr gut und diente als Vorbild für den Bau zahlreicher weiterer Schiffe.
Hauptmaße: Länge an der Konstruktionswasserlinie 50,7 m, größte Breite 14,9 m, Seitenhöhe (zum Hauptdeck) 6 m.

OSTINDIENFAHRER

Beginnend mit dem 17. Jahrhundert erweiterten die europäischen
Staaten ihren Handel mit den Ländern des Fernen Ostens, mit Indien
und den Sundainseln. Zur gegenseitigen Unterstützung und Organisation dieses Handels schlossen sich die Schiffseigner und die Kaufleute zu spezialisierten Kompanien zusammen. Im Jahre 1600 wurde
die Britische Ostindische Kompanie gegründet. Die Schiffe dieser
Kompanien beherrschten bald den ganzen Seehandel mit dem erwähnten Gebiet, zuerst die Holländer, dann die Briten und schließlich
auch die Franzosen.
Die bisherigen Galeonen und Fleuten wurden zu Fahrzeugen umgestaltet, die den Bedingungen dieser oft ein volles Jahr dauernden
Reisen angepaßt waren. Die Ostindienfahrer waren Dreimaster, in
der Regel Zweidecker mit Volltakelung, meist mit 3 Rahsegeln auf
jedem Mast, einem langen Bugspriet und zwei Vorsegeln. Das Deck
der Schiffe war zum Unterschied von den älteren Fahrzeugen fast
eben, nur am Heck befand sich ein Aufbau, der in der Regel bis zum
Großmast reichte. Im Hinblick darauf, daß die Schiffe auch von
Piraten bedrohte Gebiete befuhren, waren sie gut bewaffnet und eine
Kanonenreihe befand sich am Oberdeck. Der Rumpf dieser Schiffe
war breit und völlig, um eine möglichst große Ladung aufnehmen zu
können. Wegen der langen und beschwerlichen Fahrten hatten diese
Schiffe eine große Besatzung. Am Beginn des 17. Jahrhunderts hatten
die größten Ostindienfahrer eine Tragfähigkeit von 700 t, im Laufe
des 18. Jahrhunderts betrug ihre durchschnittliche Tragfähigkeit
800 t, Ende des 18. Jahrhunderts bereits 1 200 t, in der Mitte des
19. Jahrhunderts war sie auf 1 500 t gestiegen. Nach ihrer Größe und
Bewaffnung kamen diese später als Dreidecker gebauten Schiffe den
damals üblichen Kriegsschiffen niederer Kategorie gleich. Die Ära
der Ostindienfahrer ging in den fünfziger Jahren des 19. Jahrhunderts
zu Ende, da der Seehandel eine größere Transportgeschwindigkeit
erforderte. An ihre Stelle traten die Klipper.

„VICTORY"

Die „Victory" war das Flaggschiff Admiral Nelsons, auf dem er in
der Schlacht bei Trafalgar im Oktober 1805 den Tod fand. Diese
Schlacht, in der die britische Kriegsflotte unter dem Kommando der
Admiräle Nelson und Collingwood die verbündete französisch-spani-
sche Flotte unter Admiral Villeneuve schlug, entschied über das
Schicksal des Napoleonischen Europas. Von dieser Zeit bis zum
Zweiten Weltkrieg behauptete Großbritannien seine Stellung als
größte Seemacht der Welt.
Die „Victory" war ein fünfdeckiges, dreimastiges Linienschiff ersten
Ranges, mit drei Kanonendecks, 102 Kanonen und einer Besatzung
von 850 Mann. Das Schiff wurde von Sir Thomas Slade, dem „sur-
veyor" (Inspekteur) der britischen Marine entworfen, der Bau 1759
auf der Werft von Chatham begonnen, wo im Mai 1765 der Stapellauf
erfolgte. Die ursprüngliche Bewaffnung bestand in 104 Kanonen,
davon 30 langen 32-Pfündern. Im Jahre 1793 wurde die Anzahl der
Kanonen auf 110 erhöht. In den aktiven Dienst wurde die „Victory"
erst 1778 als Flaggschiff Admiral Kepells gestellt. Ab 1790 war sie
Flaggschiff Lord Hoods und bewährte sich in den Aktionen gegen
Spanien und Frankreich. Im Jahre 1797 beteiligte sie sich bei St. Vin-
cent an der Schlacht mit der spanischen Flotte. In den Jahren 1800 bis
1803 wurde sie Flaggschiff des mit dem Kommando über die Mittel-
meerflotte betrauten Lord Nelson, 1806 wurde sie abermals repariert
und diente bis zum Jahre 1815, als sie nach Portsmouth ins Trocken-
dock kam. Sie trägt noch immer die Flagge des Oberbefehlshabers
der Flotte und ist eines der wenigen noch erhaltenen, aus Holz gebauten Linienschiffe.
Hauptmaße: größte Länge 69 m, größte Breite 15,9 m, Raumtiefe
6,6 m, Wasserverdrängung 2162 t.

„BOUNTY"

Im Jahre 1787 entsandte der englische König Georg III. (1738—1820)
Kapitän William Bligh mit der Aufgabe nach Tahiti, dort Samen des
Brotbaumes zu erwerben und dessen Anbau in Westindien zu erwei-
tern. Bligh stach am 24. Dezember 1787 mit dem Dreimaster „Bounty"
und einer Besatzung von 44 Mann mit Kurs auf Kap Horn in See.
Wegen starker Stürme gelang es ihm nicht in westlicher Richtung
voranzukommen und deshalb schlug er die Ostroute um das Kap der
Guten Hoffnung ein und erreichte nach 11 Monaten Tahiti, wo er
schon 11 Jahre vorher als Steuermann Kapitän Cooks gewesen war.
Nach einem halben Jahr Tauschhandel trat er mit einer Ladung
Brotbaumsamen die Rückfahrt an. In der Nähe der Insel Tofoa
begann am 28. April 1788 der Großteil der vom zweiten Steuermann
Fletcher angeführten Mannschaft zu meutern und setzte Kapitän
Bligh mit 18 seiner Gefährten und einem geringen Vorrat an Lebens-
mitteln in einem 7 m langen Boot aus. Nach einer mühseligen und
gefahrvollen Fahrt erreichte Bligh mit seinen Gefährten nach 42 Tagen die Insel Timor und hatte somit 3 701 Meilen zurückgelegt. Diese
Fahrt, die alle Bootsinsassen lebend überstanden, wird als eine der
beachtenswertesten Leistungen in der Geschichte der Seefahrten angesehen, denn Bligh hatte keine anderen Navigationsgeräte als einen
Kompaß bei sich.
Von den Meuterern blieben 16 später auf Tahiti, wohin die „Bounty"
zurückgekehrt war, mit den restlichen 8 Besatzungsmitgliedern und
19 Eingeborenen suchte Fletcher auf der Insel Pitcairn, 1 300 Seemeilen südöstlich von Tahiti, Zuflucht. Der Rest der Meuterer wurde
erst nach 18 Jahren von dem Schiff „Topaz" aus Boston entdeckt.
Die „Bounty" war ein umgebautes 217 t-Handelsschiff, 27,73 m lang,
7,42 m breit und 5,80 m hoch, ihre Bewaffnung bestand aus 4 größeren und 10 kleineren Kanonen.
Für die Illustration wurde die „Bounty" aus der filmischen Bearbei-
tung ihrer Geschichte als Muster übernommen.

„CONSTITUTION"

Ein kleinerer Kriegsschiffstyp des 18. Jahrhunderts, der sich als Wach- und Begleitfahrzeug bewährt hatte, war die Fregatte, ein Segelkriegsschiff 5. Ranges mit einer Kanonenreihe in gedeckter Batterie und mehr als 32 Kanonen. Dieser Typ entstand in der Mitte des 18. Jahrhunderts. In Frankreich waren die Fregatten Zweidecker und erreichten eine Länge von 36,5—38 m. Es handelte sich um schnelle, widerstandsfähige Schiffe, die sich auch im Amerikanischen Unabhängigkeitskrieg zu Beginn des 19. Jahrhunderts als äußerst brauchbar erwiesen.

Die Fregatte „Constitution" volkstümlich „Old Ironsides" genannt, war ein zweideckiger Dreimaster von Holzkonstruktion, mit Volltakelung. Ihr Bau wurde 1795 auf der Werft Hartt in Boston nach dem Entwurf von Joshua Humphrey aus Philadelphia begonnen, das Schiff lief im Oktober 1797 vom Stapel und wurde 1798 vollendet. Die Bordwände waren mit Kupferblech bedeckt, die Bewaffnung bildeten 44 Kanonen, davon 30 lange Vierundzwanzigpfünder.

Unmittelbar nach ihrer Fertigstellung wurde sie, gemeinsam mit den weiteren Fregatten „Constellation" und „United States", zum Schutz der Handelsschiffahrt in den Dienst der amerikanischen Kolonien gestellt. Alle drei Schiffe hatten im Krieg mit Frankreich in den Jahren von 1805 bis 1812 Kampferfahrungen erworben, so daß sie dazu qualifiziert erschienen, ihre Kräfte mit der die amerikanische Küste seit 1812 blockierenden britischen Flotte zu messen. Der Fregatte „Constitution" gelang es unter dem Kommando von Kapitän Isaac Hull den britischen Blockadeschiffen zu entkommen. Später besiegte sie — in den Jahren 1812—1814 die Fregatten „Guerrière", „Java" sowie weitere feindliche Schiffe. In den dreißiger Jahren unseres Jahrhunderts wurde das Schiff repariert und als einzige erhalten gebliebene Fregatte des 18. Jahrhunderts in den US Naval Shipyard in Boston vor Anker gelegt.

Hauptmaße: Länge des Kanonendecks 53,5 m, Breite 13,3 m, Raumtiefe 4,36 m, Wasserverdrängung 1 576 t.

KLIPPER

Der Aufschwung des Handels zu Beginn des 19. Jahrhunderts erforderte einen schnelleren Gütertransport und somit auch schnellere Schiffe. Die amerikanischen Schiffbauer aus New York und Boston nutzten die Erfahrungen mit der Rumpfform der Schoner, die bereits höhere Geschwindigkeiten erzielten, und ließen von der Wasserlinie an alles Überflüssige weg, gestalteten die Form des Schiffes durch Steigerung des Verhältnisses der Länge zur Breite auf 5 bis 6 zu 1 noch schlanker und so entstand ein neuer schneller Seglertyp, der Klipper. Er hatte höhere, mitunter bis aus vier Teilen (Stengen) zusammengesetzte Maste, der Fockmast wurde näher zur Schiffsmitte gerückt und der Bugspriet verkürzt. Die Besegelung mit Rahsegeln wurde beibehalten, ihre Zahl jedoch bis auf 7 pro Mast erhöht, die Zahl der zwischen den Masten ausgespannten Stengenstagsegel hingegen verringert, was die Handhabung vereinfachte. Anfänglich hatten die Klipper drei Maste, später, besonders als für den Bau des Rumpfs Stahl verwendet wurde, 4 und auch 5 Maste.
Gegen Ende der ersten Hälfte des 19. Jahrhunderts begannen die amerikanischen Klipper die Weltmeere zu befahren und wegen ihrer Geschwindigkeit übernahmen sie bald Schiffsfrachten, insbesondere Tee für England.
Ihre Schnelligkeit rief die Bewunderung der ganzen Welt hervor. Man veranstaltete Rennen mit vollbeladenen Klippern und verfolgte den Ausgang mit großem Interesse. Die berühmtesten Klipper dieser Zeit waren die ,,Flying Cloud", die ,,Rainbow", die ,,Sovereign of the Seas", die ,,Westward-Ho" u. a. m.
In den sechziger Jahren des 19. Jahrhunderts begann auch England mit dem Bau von Klippern und bald traten die in den Londoner Docks auf Kiel gelegten englischen Klipper mit den amerikanischen in Wettstreit. Das berühmteste Rennen fand 1866 statt, als die Klipper ,,Ariel" und ,,Teaping" aus China nach einer 99 bzw. 101 Tage dauernden Fahrt fast gleichzeitig in London einliefen.
Einer der bekanntesten Klipper aus der 2. Hälfte des 19. Jahrhunderts ist das Vollschiff ,,Cutty Sark"; es wurde nach seinem Ausscheiden aus dem Dienst in Greenwich konserviert, um an die ruhmvolle Ära der Segelschiffahrt zu erinnern.

SCHONER

Dieser Segelschiffstyp wurde in den Vereinigten Staaten von Amerika zu Beginn des 18. Jahrhunderts entwickelt und war für Hochsee-fahrten bestimmt. Die schlanke Form des Rumpfs mit dem verhältnis-mäßig kleinen Freibord und dem fast glatten Deck war von den französischen Fregatten übernommen worden, die während der Zeit des Unabhängigkeitskriegs häufig die amerikanische Küste anliefen. Ein weiteres Merkmal des Schoners war der scharf geformte, die Wellen durchfurchende Bug anstelle des vollen Bugs der älteren Schiffstypen, die dem Wasser die ganze Fläche darboten. Von den Segelschiffen der bisher gebräuchlichen Typen unterschied sich der Schoner durch die Takelung — er hatte Schrat- oder sog. Gaffelsegel und Vorsegel. Die typischen Schoner waren Zweimaster, später Drei- oder auch Viermaster. Der erste viermastige Schoner war die 1880 gebaute „William L. White", der erste fünfmastige die „Governor Ames" aus dem Jahre 1888, der erste sechsmastige mit Gaffeltakelung die „George W. Wells" aus dem Jahre 1900, der einzige Siebenmaster die „Thomas W. Lawson" aus dem Jahre 1902.

Zu den Gaffelsegeln kamen später dreieckige Toppsegel hinzu; durch eine verschiedenartige Zusammenstellung von Gaffelsegeln und Rah-segeln an den Masten entstanden weitere Typen, z. B. die Schoner-brigg, die Schonerbark usw. Ihre gemeinsamen Merkmale waren: große Geschwindigkeit, verhältnismäßig geringer Tiefgang sowie die leicht zu bedienende Takelage; dadurch konnte die Besatzung ver-mindert werden. Die Schoner mittlerer Größe erreichten eine Länge von 30 m. Die ersten Schoner wurden in Baltimore gebaut und bür-gerten sich rasch an beiden Küsten der USA, später auch in anderen Gebieten ein. An der Westküste wurden sie zum Holz-, an der Ost-küste vorwiegend zum Kohlentransport verwendet. Später baute man Schoner für Fischerei-, Handels- und Sportzwecke.

FÜNFMASTER „KJØBENHAVN"

Nach der Eröffnung des Suezkanals verschärfte sich in den achtziger Jahren des 19. Jahrhunderts der Konkurrenzkampf zwischen den Segelschiffen und den Dampfern. Die Schiffbauer begannen mit dem Bau von großen mehrmastigen Vollschiffen mit eisernem oder stählernem Rumpf und 4 000—5 000 BRT Raumgehalt. Sie waren bis 130 m lang und 16,5 m breit, d. h. das Verhältnis L : B vergrößerte sich auf fast 8 : 1. Sie waren für den Transport von Massenfracht bestimmt und erzielten bewundernswerte Geschwindigkeiten. Im Bau von Vier- und Fünfmastern ragten besonders die Deutschen hervor, deren Schiffe dieses Typs die Weltmeere bis in die fünfziger Jahre unseres Jahrhunderts befuhren. Die bekanntesten waren die Segelschiffe der Flying P-Line, so als größte die „Preußen" (5 081 BRT), die „Padua", die „Passat", die „Potosi" und die bei einem Sturm im September 1957 untergegangene „Pamir".

Zu den größten am Beginn des 20. Jahrhunderts gebauten Segelschiffen gehörte der Fünfmaster „Kjøbenhavn", der in den Jahren 1914—1921 auf der Werft von Ramage und Ferguson in Leith für die dänische Ostasien-Kompanie gebaut wurde. Sein Vorbild war der 1895 vom Stapel gelaufene Fünfmaster „Potosi". Das Schiff hatte einen Metallrumpf, einen langen Heckaufbau und hinter dem mittleren Mast einen kleinen Aufbau mit dem Ruderhaus. Vier Maste trugen Rahsegel, der Besanmast ein doppeltes Gaffelsegel. Die gesamte Segelfläche betrug 5 200 m².

Die „Kjøbenhavn" diente als Schulschiff der dänischen Handelsmarine. Auf einer Fahrt von Montevideo nach Australien im Jahre 1928 verschwand sie, wahrscheinlich auf der Höhe von Kap Horn, spurlos mit der ganzen Besatzung.

Hauptmaße: Länge 119 m, Breite 14,95 m, Raumgehalt 3 965 BRT, Nennleistung des Hilfsmotors 500 PS.

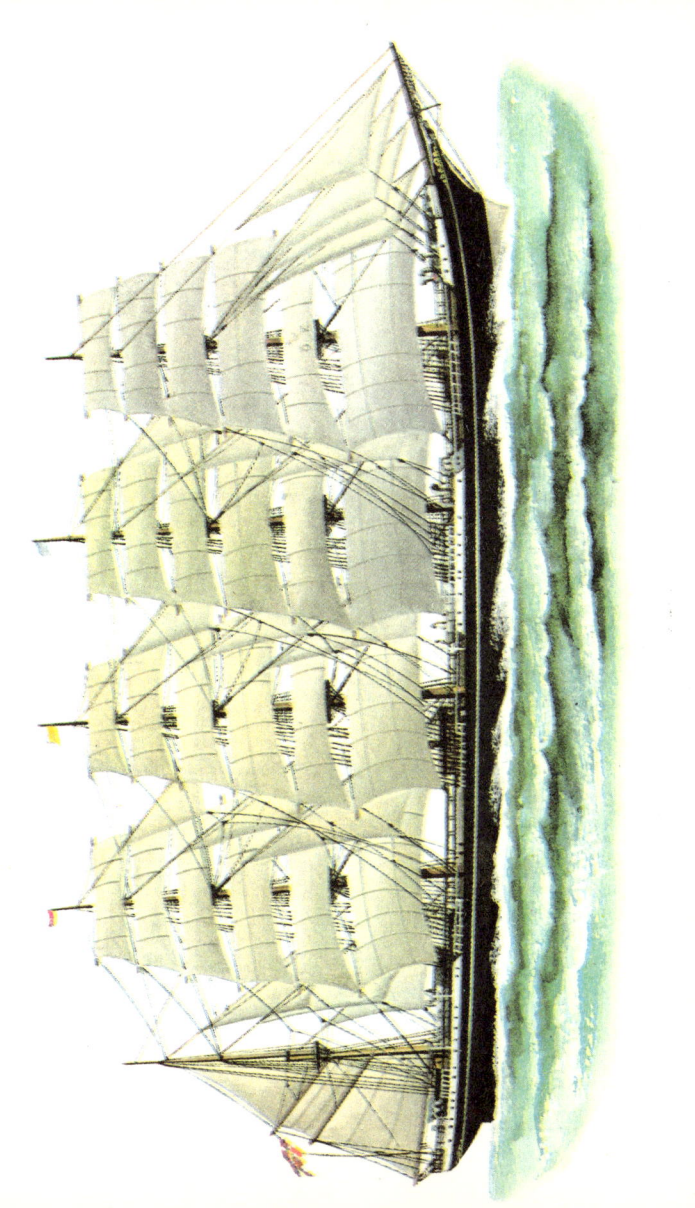

SCHULSCHIFF „DAR POMORZA"

Das Schulschiff der polnischen Handelsmarine ist eines der letzten
großen Segelschiffe mit Volltakelung. Es wurde 1909 auf der bekannten Hamburger Werft Blohm und Voss als Schulschiff der deutschen
Handelsmarine gebaut und „Prinzess Eitel Friedrich" getauft. Im Jahre
1919 ging es als Reparationsgut in den Besitz der französischen Regierung über. Sein neuer Besitzer Baron de Forest taufte es auf den
Namen „Colbert" um und beabsichtigte es in eine Luxusjacht zu
verwandeln. Wegen der hohen Betriebskosten wurde das Schiff 1919
an Polen verkauft. Die Kaufsumme kam aus Spenden der Bevölkerung
der Provinz Pomorza zusammen. Auf der Werft in Nakskov in Dänemark wurde das Schiff umgebaut und 1930 der polnischen Flotte eingegliedert. Während des Zweiten Weltkriegs war es in Schweden
interniert. Im Laufe ihrer Dienstzeit machte die „Dar Pomorza"
1934—35 eine Weltreise und viele weitere Fahrten. Im Jahre 1968
fuhr sie aus der Ostsee rund um Europa bis in das Schwarze Meer.
Das Schiff ist ein Vollschiff mit 1926 m² Segelfläche, einem Hilfsmotor
von 470 PS und folgenden wichtigsten Maßen: Rumpflänge 71 m,
Länge samt Bugspriet 91 m, Breite 12,5 m, Höhe der Maste 41 m,
Besatzung 184 Mann.
Schulschiffe dienten zur Ausbildung von Seekadetten der Handels- und
Kriegsmarine. Heute haben nur noch einige Staaten Segelschul-
schiffe. Großbritannien die Dreimastschoner „Sir Winston Churchill"
und „Malcolm Miller", Dänemark das Vollschiff „Denmark",
Italien die „Amerigo Vespucci", die Sowjetunion „Towarischtsch",
Norwegen die „Christian Radich" und „Sørlandet". Die amerika-
nische „Eagle", die deutsche „Gorch Fock" (BRD), die portugiesische
„Sagres" und die norwegische „Statsraad Lemkuhl" weisen Barkta-
kelung auf, die belgische „Mercator" hat Schonerbarktakelung.

Das Wort Jacht (Jagt) ist holländischen bzw. friesischen Ursprungs und bedeutet schnell laufen, eilen. Die Jachten waren schnelle Schiffe, die ursprünglich auf Flußkanälen und in Küstengewässern für Vergnügungsfahrten und zur Fischerei gebaut wurden, in Kämpfen auch als Beobachtungs- und Verbindungsfahrzeuge dienten. Von Holland griff die Beliebtheit der Jachten auf England über, von wo sie wiederum zur Zeit des aufblühenden Jachtingsports auf den Kontinent zurückkehrte.

Die heutigen Segeljachten werden vorwiegend zu Sportzwecken verwendet. Für die Beteiligung an Jachtrennen werden sie nach bestimmten Kriterien (Typ, Größe und Gewicht des Rumpfes, Takelung) in die zuständigen Wettbewerbskategorien und Klassen eingegliedert. Die für längere Fahrten bestimmten Segeljachten sind gewöhnlich Ein- oder Zweimaster. Die Zweimaster weisen entweder Schonertakelung oder häufiger die Takelung der Ketsch- oder Yawltyps auf. Alle diese Typen tragen am Bug ein oder zwei Vorsegel.

Jachten mit einem Mast, die früher auch einen Bugspriet hatten, sind der Kutter und die Slup. Die Kuttertakelung (Großsegel und 2 Vorsegel) war bis zum Ersten Weltkrieg bei den großen Rennjachten beliebt. Ursprünglich hatten die Jachten trapezförmige Gaffelsegel mit Besanbaum und Gaffel und zusätzlich dreieckige Gaffeltoppsegel. Im Laufe der Zeit bürgerten sich dreieckige Hochsegel ein, die Maste sind lang und aus einem Stück. Statt der üblichen Vorsegel werden bei achterlichem Wind ballonähnliche Spinnaker verwendet, die stark ziehen. Einen Bugspriet finden wir bei den modernen Kreuzerjachten überhaupt nicht mehr, die Stagen der Vorsegel sind direkt am Deck befestigt. In der Regel haben sie eine eingelassene Kajüte, ein Cockpit zur Bedienung des Ruders und einen mächtigen Kiel mit Ballast. Meist sind sie mit einem eingebauten Hilfsmotor ausgestattet, etwa 8—15 m lang und haben Wohneinrichtung für eine vier- bis sechsköpfige Besatzung.

DSCHUNKE

Dschunken werden den primitiven Fahrzeugen zugereiht, weil sie ihre Form Jahrtausende hindurch nicht geändert haben. In ihrer Konstruktion und Takelung entsprechen sie jedoch vollauf den Anforderungen der in nautischer Hinsicht so schwierigen Seegebiete, wie es die gegliederten Küsten und inselreichen chinesischen Meere in der ostasiatischen Monsunzone sind. Zum Unterschied von den Schiffen der europäischen Völker hatten die Dschunken schon im 4. Jahrhundert v. Chr. Heckruder, verwendeten Schratsegel und ihr Rumpf war schon jahrhundertelang durch Schotten in wasserdichte Abteilungen unterteilt. Die den Luggersegeln ähnlichen Segel der Dschunken sind in der Regel auf zwei oder drei Maste verteilt und aus Matten hergestellt, auf der ganzen Fläche mit Leisten versteift und an den Rändern mit einem durchlaufenden Saum versehen. Dies ermöglicht das Flachspannen der Segel wie bei den modernen Jachten und damit ein schnelles und zweckdienliches Manövrieren. Der Rumpf der Dschunken ist flach und breit, an den Enden hochgezogen. Sie werden als Fischerei-, Handels-, Kriegs-, Fluß- und Seefahrzeuge verwendet und verbreiteten sich rasch über ganz Asien.
Die Dschunken der nördlichen Gebiete erkennt man an dem stumpfen, löffelförmigen Bug, dem Spiegelheck, und den rechteckigen Segeln, die der südlichen Gebiete an den bogenförmigen Segeln.
Je nach der Verwendungsart ist auch die Größe der Dschunken verschieden, die größten haben bei einer Länge bis 60 m und einer Breite bis 9 m die Tragfähigkeit bis 400 t.

SAMPAN

Kleines Flußfahrzeug mit keilförmigem Rumpf und flachem Boden, das meistens mit einem Heckruder gesteuert wird. Auf dem Deck befindet sich häufig ein Schutzraum mit einem runden Dach. Die Sampans sind bis 9 m lang und werden auf den Flüssen Ostasiens und in den Häfen des Chinesischen Meers als Wohnboote verwendet.

PIROGE

Die Eingeborenen der Küstenstriche Afrikas, Amerikas, Asiens, der Inseln des Indischen Ozeans und Polynesiens benutzten zur Schiffahrt und zum Fischfang ausgehöhlte Stämme, sog. Einbäume, die durch Paddel angetrieben wurden. Da diese Fahrzeuge — vor allem in der Brandung — nicht sehr stabil waren, verbesserten sie die eingeborenen Schiffer durch einen Ausleger, d. i. ein längs des Rumpfes an einer oder an beiden Seiten an ausgelegten Armen angebrachter Schwimmer. Die so ausgestatteten Boote konnten einerseits stärker belastet, andererseits mit verschieden geformten Segeln versehen werden. Der Schwimmer hatte manchmal die Gestalt und Größe eines zweiten Bootes und wurde Katamaran, bei drei Rümpfen Trimaran genannt. Die Erfahrungen mit den guten nautischen Eigenschaften dieser Fahrzeuge werden heute beim Bau von Sportsegel- und -motorbooten verwertet.

DHAU

Ein typisches Fahrzeug des Indischen Ozeans, den sowohl die Araber, als auch die Perser und Inder befuhren, wobei sie die Nordost-Monsunwinde ausnutzen. Der glatte, gebogene Rumpf erinnert an die altertümlichen primitiven Boote dieses Gebietes. Der Vorsteven spannt sich schräg über den Wasserspiegel, während der Achtersteven, an dem das durch eine Pinne bewegte Steuerruder befestigt ist, fast senkrecht emporragt und manchmal mit dem spiegelförmigen Heck beendet wird. Das Deck ist je nach der Größe des Schiffes gedeckt oder offen. Ein oder zwei Maste tragen große „arabische" Lateinsegel, die nicht dreieckig sondern trapezförmig sind und eine kurze Vorderkante haben. Die Manipulation mit diesen Segeln ist ziemlich schwierig, besonders im Hinblick auf die lange Rah, doch erfüllen sie in den Monsunwinden ihren Zweck. Die Länge der Dhaus beträgt 25—35 m, ihre maximale Tragfähigkeit 200 t. Ihrem Fahrtbereich entsprechend werden sie auch verschieden genannt: Būm, Zārūq, Sambūk u. ä.

war der erste ökonomisch ausgenutzte Dampfer auf dem amerikanischen Kontinent und befuhr die Wasserstraßen im Bereich von New York. Der richtige Namen des Schiffes lautete „North River" (Steamboat of Clermont). Es wurde von Robert Fulton und Robert R. Livingston auf der Corlears-Hook Werft in New York gebaut. Dieses lange, schmale Holzschiff mit flachem Boden und geringem Tiefgang war in seiner Form den Flußbooten ähnlich und mit einer englischen Boulton, Watt and Co.-Dampfmaschine von 20 PS Nennleistung ausgerüstet. Die Maschine trieb mittels einer Kurbelwelle und einer von Fulton entworfenen Transmissionseinrichtung zwei seitlich angebrachte Räder von 4,57 m Durchmesser mit 8 radialen Schaufeln an. Nach einer Probefahrt am 17. August 1807 wurde die „North River" in ihrer Konstruktion verstärkt, mit Kajüten ausgestattet, erhielt eine Reling und wurde am 4. September 1807 in den regelmäßigen Schiffsverkehr zwischen New York und Albany auf dem Hudson eingesetzt. In der darauffolgenden Saison wurde das Schiff abermals umgebaut, verstärkt und versah seinen Dienst bis 1814.

Nach dem Vorbild der „North River" baute Fulton im Jahre 1810 zwei weitere Dampfschiffe für die gleiche Linie auf dem Hudson und ein Jahr später das Schiff „New Orleans", mit dem die regelmäßige Dampfschiffahrt auf dem Mississippi eröffnet wurde.

Hauptmaße der 1. Ausführung: Länge über alles 43,28 m, Breite 4,28 m, Seitenhöhe 1,22 m, Wasserverdrängung 79 t.

Hauptmaße der 2. Ausführung: Länge über alles 45,41 m, Breite 5,46 m, Seitenhöhe 2,13 m, Wasserverdrängung 182 t.

„SAVANNAH"

Das erste Schiff mit Dampfantrieb, das den Atlantischen Ozean überquerte und von der neugegründeten amerikanischen Firma Savannah
Steamship Co. in Dienst gestellt wurde. Später wurde es zu einem
Fahrgastschiff für 32 Personen umgebaut. Es entstand auf der Cor-
lears-Hook Werft in New York, sein Erbauer war Francis Fickett.
Ursprünglich war es für den Paketdienst in der Umgebung von Le
Havre bestimmt. Es war ein Holzschiff mit Volltakelung. Die Dampfmaschine von 90 PS Nennleistung stellt nur eine Hilfskraft dar, die es
dem Schiff ermöglichte, bei ruhigem Wetter mit 4 Knoten zu fahren.
Die Seitenräder von 4,65 m Durchmesser hatten zehn abnehmbare
Schaufeln für den Fall, daß das Schiff Segel setzte. Am 26. Mai 1819
verließ es den Hafen von Savannah und kam am 20. Juni 1819 in
Liverpool an. Auf der Fahrt verwendete es den Dampfantrieb nur
etwa 85 Stunden. Nach erfolglosen Versuchen der Schiffahrtsgesell-
schaft, die „Savannah" an die Regierung der USA zu verkaufen,
wurde sie 1820 versteigert und nach Demontage von Maschinen und
Rädern als Paketsegler zwischen Savannah und New York in Dienst
gestellt. Im November 1821 scheiterte sie bei einem Sturm an der
Küste von Long Island.
Hauptmaße: Länge über alles 33,5 m, Länge zwischen den Loten
30,02 m, Breite des Rumpfs 7,86 m, Breite über Radkästen 10,97 m,
Tiefgang 3,95 m, Raumgehalt 320 BRT.

„CURAÇAO"

Die „Curaçao" war das erste Schiff mit Dampfantrieb, das den Atlantischen Ozean in Richtung von Europa nach Südamerika überquerte. Es handelte sich um einen hölzernen Dreimaster mit zwei seitlichen Schaufelrädern und Schonertakelung und wurde von der Firma Messrs. J. H. und I. Duke in Dover erbaut. Im September 1825 lief sie unter dem Namen „Calpe" vom Stapel und war für die Route zwischen Großbritannien, Amerika und Westindien bestimmt. Ihre Besitzer, die American and Colonial Steam Navigation Co. in London, verkaufte sie jedoch schon im Oktober 1826 an Holland, das sie als erstes Dampfschiff unter dem Namen „Curaçao" in seine Kriegsmarine einreihte. Am 26. April 1827 fuhr die „Curaçao" mit 57 Passagieren an Bord aus dem Hellevoetsluis bei Rotterdam nach Paramaribo, wo sie am 24. Mai eintraf. Der 4 000 Seemeilen lange Weg dauerte 28 Tage, wobei teilweise Dampfkraft verwendet wurde. Unterwegs hatte das Schiff wegen technischer Mängel am Dampfkessel und den Rädern Schwierigkeiten und es mußten schadhafte Schaufeln ausgewechselt werden. Die „Curaçao" überquerte den Atlantik noch zweimal. Von 1830 bis 1834 wurde sie auf der Schelde, 1840 abermals in Westindien eingesetzt, um 1846 aus dem Dienst gezogen und 1850 an den Schrotthandel verkauft zu werden.
Hauptmaße: Länge zwischen den Loten 38,8 m, Breite des Rumpfes 8,2 m, Breite über Radkästen 13,7 m, Seitenhöhe 5,03 m, Tiefgang 4,12 m, Bruttoraumgehalt 438 BRT, die Nennleistung der Seitenbalanziermaschinen betrug 100 PS. Die Bewaffnung bildeten 7 Kanonen, die Besatzung zählte 42 Mann.

„SIRIUS"

Das erste Schiff, das den Atlantischen Ozean ausschließlich mit Dampfantrieb überquerte, war die „Sirius", ein aus Holz gebauter Zweimaster mit Seitenrädern, dessen Fockmast drei Rahsegel, der Großmast ein Gaffelsegel trug. Sie wurde 1837 von der Firma Messrs. Robert Menzies and Son in Leith für die St. George Steam Packet Co. für den Dienst zwischen London und Cork gebaut und war das erste Schiff mit aufmontierten Oberflächenkondensatoren, die es ermöglichten, die Kessel mit Süßwasser zu speisen. Im Hinblick darauf, daß ihr eigenes Schiff, die „British Queen", nicht rechtzeitig fertig wurde, charterte die neue Firma British and American Steam Navigation Co. die „Sirius" im April 1838 für eine Fahrt nach New York. Das Schiff lief am 4. April 1838 mit 40 Fahrgästen aus Cork Harbour aus. Nach 18 Tagen und 10 Stunden erreichte es trotz starken Windes sicher sein Ziel. Die Durchschnittsgeschwindigkeit betrug 6,7 Knoten. Der Dampfer „Great Western" lief 4 Stunden später in New York ein. Im Juli desselben Jahres überquerte die „Sirius" abermals den Atlantik. Nach ihrer Rückkehr wurde sie auf der Route Glasgow - Cork in Dienst gestellt und scheiterte im Januar 1847 auf einer dieser Fahrten auf den Klippen der Ballycotton Bay.
Hauptmaße: Länge über alles 63,4 m, Länge zwischen den Loten 54,4 m, Breite des Rumpfs 7,87 m, Breite über Radkästen 14,4 m, Seitenhöhe 5,57 m, Tiefgang 4,58 m, Raumgehalt 703 BRT, Nennleistung der Seitenbalanziermaschinen 320 PS, Besatzung 35 Mann.

„ARCHIMEDES"

Als im Jahre 1830 dem englischen Farmer F. P. Smith der Versuch gelungen war, ein kleines Boot mit einer hölzernen Schiffsschraube und einer Dampfmaschine von 6 PS Leistung anzutreiben, beauftragte ihn die britische Admiralität mit dem Bau des ersten größeren Schraubendampfers. Nach dem bei der Konstruktion der Schiffsschraube angewendeten Prinzip der unendlichen Archimedischen Schraube erhielt das Schiff den Namen „Archimedes". Zur Auswertung von Smith' Patent wurde die Gesellschaft The Ship Propeller Company gegründet. Die „Archimedes", in Millwall an der Themse gebaut, lief im Oktober 1838 als Dreimast-Toppschoner vom Stapel. Den Antrieb besorgte eine Dampfmaschine von 80 PS Nennleistung. Nach längeren Versuchen wurde die ursprünglich installierte einfache Schraube durch eine zweigängige von 1753 mm Durchmesser und 3048 mm Steigung ersetzt, mit der man eine Geschwindigkeit von 9 Knoten erzielte. Im Jahre 1840 umschiffte die „Archimedes" Großbritannien und legte in der bisher kürzesten Zeit den Weg nach Oporto in Portugal zurück. Damit war die Brauchbarkeit der Schraube zum Schiffsantrieb bewiesen. Im Jahre 1850 beendete die „Archimedes" ihre Laufbahn als Segelschiff im Liniendienst zwischen Australien und Chile.

Nach den erfolgreichen Fahrten des Schiffes „Archimedes" wurde 1840 für weitere Versuche die Bark „Novelty" mit einer Dampfmaschine von 25 PS Nennleistung gebaut. Die verwendete Schraube war kurz und glich in ihrer Form den Blättern eines Ventilators.

Hauptmaße: Länge 32,52 m, Breite 6,86 m, Seitenhöhe 3,96 m, Tragfähigkeit 237 t.

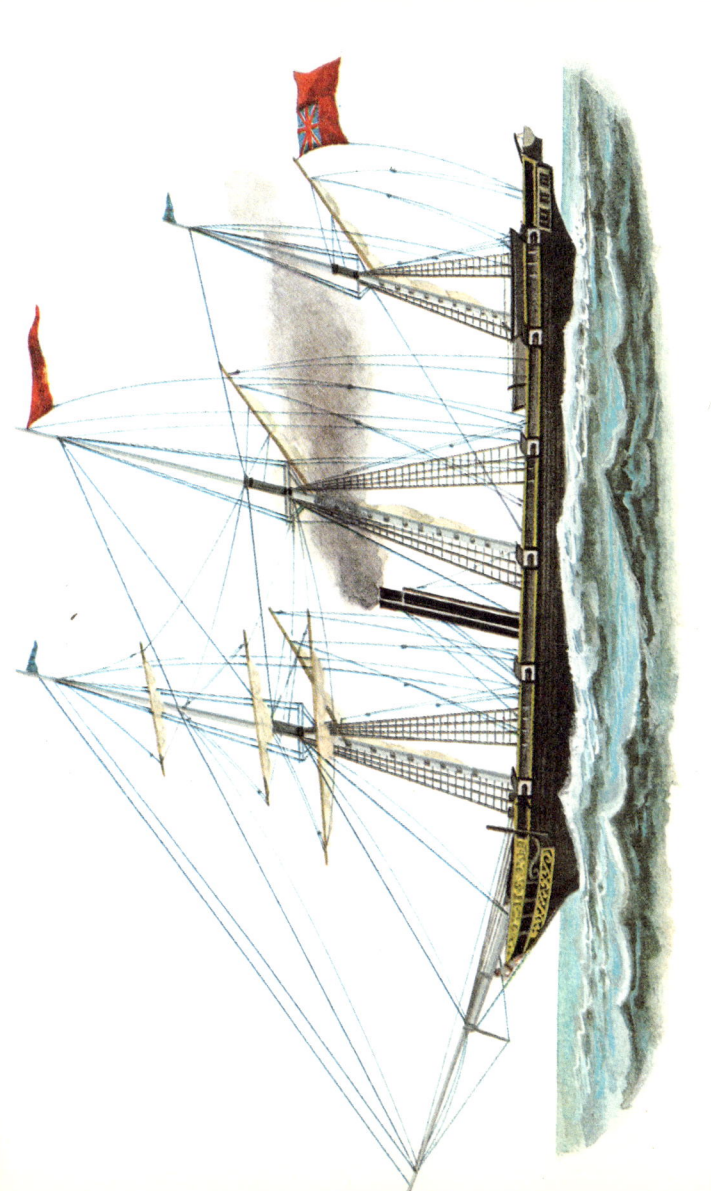

„GREAT BRITAIN"

Die „Great Britain" war das zweite von dem ausgezeichneten Schiffbauer Isambard Kingdom Brunel entworfene Schiff. Es wurde auf der
Werft W. Patterson and Sons in Bristol gebaut und lief 1843 vom Stapel. Es hatte eine Volleisenkonstruktion mit einer verbesserten Form
der Wasserlinien des Rumpfes und war nach Brunels Entwurf mit wasserdichten Querschotten versehen. Die 6 Maste hatten Schonertakelung
von 1 421 m² Gesamtsegelfläche. Alle Kajüten für die 360 Fahrgäste
befanden sich unter Deck. Nach der erfolgreichen Umschiffung Großbritanniens durch die „Archimedes" entschloß sich Brunel, anstelle der
Schaufelräder eine Schiffsschraube zu installieren. Mit dieser sechsflügeligen, durch eine 1 014 PS starke Dampfmaschine angetriebenen
Schraube erzielte die „Great Britain" im Jahre 1844 eine Geschwindigkeit von 11 Knoten. Nach der Auswechselung dieser Schraube
gegen eine vierflügelige verbesserte sich die Leistung noch erheblich.
Im Februar 1845 wurde das Schiff zur Ausstellung nach London
geschickt und im Juni desselben Jahres fuhr es von Liverpool nach
New York, wo es als erstes Volleisenschiff knapp 15 Tage später mit
60 Fahrgästen und 806 t Fracht eintraf. Die Fahrten über den Atlantik führte es bis November 1846 durch, als es an der irischen Küste
in der Dundrum Bay scheiterte. Es wurde repariert, im Jahre 1882
als Segelschiff umgebaut und unternahm dann verschiedene Fahrten,
bis es 1886 in einem Sturm beschädigt wurde und die Falklandinseln
als Zufluchtshafen anlief. Hier diente es bis 1937 als Bunkerstation.
Im Jahre 1970 wurde es nach Großbritannien zurückgebracht und
soll in Bristol restauriert werden. Mit dem Schwesterschiff „Great
Western" und der 15 Jahre später gebauten „Great Eastern" bedeutet
die „Great Britain" einen gewaltigen Fortschritt in der Entwicklung
des Schiffbaus, was sowohl für die der Konstruktion des Schiffskörpers
als auch die des Schiffsantriebs gilt.
Hauptmaße: Länge 88,1 m, Breite 15,4 m, Seitenhöhe 9,9 m, Wasserverdrängung 3 270 t.

Das dritte und größte Schiff, das nach den Entwürfen des Schiff-
bauers I. K. Brunel gebaut wurde, war die „Great Eastern". Mit
ihrer Größe und Konstruktion war sie ihrer Zeit um 40 Jahre voraus.
Das Schiff war für den Transport von Personen und Frachten nach
Indien und Australien bestimmt und sollte wegen seiner Größe und
Geschwindigkeit die Rentabilität der Fernfahrten sichern. Mit dem
Bau wurde im Mai 1854 auf der Werft Messrs. John Scott Russel and
Co. in Millwall begonnen. Das Schiff war von volleiserner Konstruktion, vierdeckig, mit doppeltem Kastenboden und doppelter Außen-
haut. Der Rumpf, mit dem Längsspantensystem konstruiert, war
durch Querschotten in 12 wasserdichte Abteilungen unterteilt. Die
„Great Eastern" hatte 5 Schornsteine und 6 Maste mit gemischter
Takelung von insgesamt 5 435 m² Segelfläche. Es konnte 4 000 Fahrgäste in 3 Klassen und neben 12 200 t Kohle 6 000 t Ladung aufnehmen und hatte eine Besatzung von 400 Mann.
Die „Great Eastern" hatte die Seitenräder von einem Durchmesser
von 17 m, 30 Radialschaufeln und eine vierflügelige Gußeisenschrau-
be (Durchmesser 7,315 m). Die Räder wurden von 2 Dampfmaschinen
mit 4 000 PS Gesamtleistung, die Schraube von einer vierzylindrigen
Dampfmaschine mit 1 622 PS Nennleistung angetrieben. Den Dampf
lieferten 4 Kofferkessel mit Rauchrohren (für die Räder) und 6 Kofferkessel (für die Schraube).
Die „Great Eastern" lief am 31. 1. 1858 vom Stapel. Ihre erste Reise
nach New York im Jahre 1860 beendete sie in 11 Tagen mit einer
Durchschnittsgeschwindigkeit von 14 Knoten. Wegen der verhältnismäßig geringen Leistung der Maschine und der zu großen Räder, die
für stürmisches Wetter und starken Seegang ungeeignet waren,
bewährte sich die „Great Eastern" weder im Fahrgast- noch im
Frachtentransport. Im Jahre 1864 wurde sie in ein Kabelschiff umgebaut, 1885 aus dem Dienst gezogen und 1888 zum Abwracken
übergeben.
Hauptmaße: Länge zwischen den Loten 207,26 m, Breite des Rumpfes
25,21 m, Breite über Radkästen 36 m, Seitenhöhe 14,69 m, Tiefgang
9,15 m, Wasserverdrängung 18 915 t.

„SCOTIA"

Der letzte und eleganteste Raddampfer der Cunard-Dampfschiff-
fahrtsgesellschaft war die „Scotia". Sie wurde von der Firma Messrs.
Robert Napier and Sons in Govan als Brigg gebaut und am 25. Juni
1861 vom Stapel gelassen. Der Schiffskörper war aus Eisen, mit
wasserdichten Schotten, und zur Zeit ihres Stapellaufes galt die
„Scotia" als das festeste Seeschiff. In den Atlantikdienst wurde sie
1862 eingereiht. Mit der Fahrt von New York nach Queenstown im
Jahre 1863, die sie in 8 Tagen und 3 Stunden zurücklegte, errang sie
den Geschwindigkeitsrekord, den sie bis 1896 hielt. Das Schiff versah
als letzter Raddampfer den Dienst über den Nordatlantik und nach
seiner letzten Fahrt, im November 1875, wurde es an die Telegraph
Construction and Maintenance Co. verkauft, welche es in ein Zwei-
schrauben-Kabelschiff umbauen ließ.
Im Jahre 1896 fand an Deck der „Scotia" eine Explosion statt. Da
das zweite Kollisionsschott unversehrt geblieben war, konnte das
Schiff gerettet werden. Im Jahre 1904 scheiterte es bei der Insel Guam
in den Marianen.
Hauptmaße: Länge über alles 121,9 m, Länge zwischen den Loten
115,5 m, Breite des Rumpfes 14,6 m, Breite über Radkästen 23,4 m,
Seitenhöhe 9,3 m, Tiefgang 6,1 m, Raumgehalt 3 871 BRT, Wasserverdrängung 6620 t, Nennleistung der Seitenbalanziermaschinen
975 HP. Beim Umbau wurden zweistufige Expansionsmaschinen von
550 HP Nennleistung installiert.

„KAISER WILHELM DER GROSSE"

Der Schiffsverkehr zwischen Europa und Amerika nahm in der
2. Hälfte des 19. Jahrhunderts einen immer größeren Aufschwung
und die Schiffahrtsgesellschaften waren bestrebt, immer größere,
schnellere und besser ausgestattete Passagierdampfer in Betrieb zu
stellen. Bezüglich der Menge der beförderten Personen und der Fahrgeschwindigkeit standen die britischen Dampfschiffahrtsgesellschaften
noch immer an erster Stelle. 1897 setzte jedoch die deutsche Gesellschaft
Norddeutscher Lloyd auf der Linie Bremen — Southampton — New
York ihr neues Zweischraubenschiff „Kaiser Wilhelm der Große" ein,
das auf seiner ersten Fahrt die Entfernung zwischen Southampton und
New York in 5 Tagen 22 Stunden und 5 Minuten mit einer Durchschnittsgeschwindigkeit von 21,39 Knoten zurücklegte. Diese Geschwindigkeit konnte auf weiteren Fahrten bis auf 22,35 Knoten gesteigert werden. Später hielten zwei weitere deutsche Dampfer, die
„Deutschland" und die „Kronprinzessin Cäcilie", den Rekord. Erst
1909 wurde das Blaue Band des Atlantiks wieder von britischen Schiffen errungen.
Das Schiff „Kaiser Wilhelm der Große" wurde auf der Stettiner Vul-
can-Werft gebaut. Die Konstruktion bestand ganz aus Metall, es hatte
einen durch 16 Schotte unterteilten Doppelboden, vier Decks, einen
senkrechten Vorsteven und ein elliptisches Heck. Der lange, an die
Kommandobrücke anschließende Aufbau mit dem Sonnendeck bot
den Reisenden eine geschützte Promenade. Das Schiff hatte vier
Schornsteine und zwei Maste ohne Takelage. Die Kajüten faßten
insgesamt 1 749 Passagiere. Die Besatzung zählte 450 Mann. Den
Antrieb des Schiffes sicherten zwei dreistufige, vierzylindrige Kolbendampfmaschinen von 28 000 PS Gesamtleistung. Den Dampf von
13 atp Druck lieferten 13 Kessel.
Nach Ausbruch des Ersten Weltkriegs wurde die „Kaiser Wilhelm
der Große" als Hilfskreuzer bewaffnet und am 26. 8. durch den britischen Panzerkreuzer „Highflyer" an der westafrikanischen Küste
versenkt.
Hauptmaße: Länge 191,2 m, Breite 20,1 m, Seitenhöhe 10,9 m,
Wasserverdrängung 14 349 t.

„MAURETANIA"

Als der englische Erfinder Sir Charles Parsons 1897 an dem Experi-
mentalschiff „Turbinia" bewiesen hatte, daß sich Dampfturbinen
auch für den Schiffsantrieb eignen, entschloß sich die Cunard Steam
Ship Co. ihre beiden neuen Schwesterschiffe „Mauretania" und „Lusitania", die für Personen- und Postbeförderung bestimmt waren, mit
Dampfturbinen auszurüsten. Die „Mauretania" wurde von der Firma
Swan Hunter & Wigham Richardson Ltd. in Wallsend-on-Tyne, die
„Lusitania" von der Firma John Brown and Co. gebaut. Beide Schiffe
liefen 1906 vom Stapel.
Der Rumpf besaß einen Doppelboden, vier durchlaufende Decks und
war durch 15 wasserdichte Querschotte unterteilt. Der Hauptaufbau
des Promenadendecks und die Kommandobrücke bildeten ein Ganzes
und erstreckten sich fast über die ganze Länge des Schiffes. Die „Mauretania" verfügte über drei Kajütenklassen für insgesamt 2 165 Fahrgäste. Die Besatzung zählte 812 Mann. Die vier vierflügeligen Propeller von 5,1 m Durchmesser wurden direkt durch Dampfturbinen
mit einer Gesamtleistung von 70 925 PS angetrieben. Den Dampf
erzeugten 25 Schottenkessel.
Ende 1907 liefen beide Schiffe zu ihrer Jungfernfahrt von Liverpool
nach New York aus und gewannen mit einer Durchschnittsgeschwindigkeit von 23 Knoten das Blaue Band für Großbritannien. Diesen
Rekord hielten sie abwechselnd bis zum Jahre 1915 als die „Lusitania" von einem deutschen U-Boot versenkt wurde. Die „Mauretania"
erhöhte dann ihre Geschwindigkeit auf 25,9 Knoten und behielt das
Blaue Band bis 1929, als die „Bremen" Rekordzeit erzielte.
Während des Ersten Weltkriegs diente die „Mauretania" anfangs als
Hilfskreuzer, später als Lazarettschiff. Nach dem Kriege wurde sie
neuerlich auf ihrer alten Route eingesetzt und 1922 mit Ölheizung
ausgestattet. Ihren Geschwindigkeitsrekord hat sie noch einigemal
verbessert. Im Oktober 1934 wurde sie aus dem Verkehr gezogen und
ein Jahr später verschrottet.
Hauptmaße: Länge 232,32 m, Breite 26,82 m, Seitenhöhe 17,4 m,
Wasserverdrängung 31 938 t.

Das erste Seefrachtschiff mit Verbrennungsmotoren war die „Selandia" der dänischen Ostasiatischen Kompanie. Wie ihr Schwesterschiff
„Fionia" wurde sie auf der Burmeister & Wain-Werft in Kopenhagen
gebaut und für den gemischten Transport von Fracht und 26 Fahrgästen bestimmt. Sie hatte einen Stahlrumpf mit Doppelboden, zwei
Decks und 6 Querschotte. Das Hauptdeck trug zwei Aufbauten.
Unter dem zweiten Aufbau am Heck waren zwei verbesserte Burmeister & Wain Dieselmotoren installiert, die mit je 1250 PS zwei
Propeller antrieben. Als einziger Schornstein für die Auspuffgase
diente der Kreuzmast. Im Schiffsrumpf befanden sich außer dem
Maschinenraum drei Laderäume, das Treiböl war im Doppelboden
eingelagert. Das Schiff wurde 1912 in Dienst gestellt.
In den Jahren des Ersten Weltkriegs befuhr die „Selandia" den Stillen
Ozean, sonst war sie bis 1936 auf der Linie Kopenhagen — Bangkok
eingesetzt. In diesem Jahre wurde sie nach Norwegen verkauft und
„Norseman" benannt. Von 1938 bis 1940 war sie schwer beschädigt
und außer Betrieb, bis sie an die Gesellschaft Finland—Amerika-
Linie verkauft und nach einer Reparatur unter dem Namen „Tor-
nator" von Japan gechartert wurde. 1942 scheiterte sie in der Omai-
saki-Bucht und ging unter.
Das Schwesterschiff „Fionia" ging bald nach seiner Vollendung in
den Besitz der Hamburg—Amerika-Linie über.
Hauptmaße: Länge 112,9 m, Breite 16,22 m, Seitenhöhe 8,26 m,
Wasserverdrängung 4 950 t, Reisegeschwindigkeit 11 Knoten.

„BREMEN"

Mit dem Bau des Norddeutschen Lloyd-Schiffs „Bremen" wurde auf der Werft der Deutschen Schiff- und Maschinenbau Aktiengesellschaft in Bremen im Juni 1927 begonnen, der Stapellauf erfolgte am 16. August 1928. Gegenüber den Fahrgastschiffen aus der Zeit vor dem Ersten Weltkrieg konnten die „Bremen" und ihr Schwesterschiff „Europa" viele Konstruktionsverbesserungen und eine moderne Architektur aufweisen. Der Vorsteven war nicht senkrecht, sondern wich gegen das Heck zurück, das ein Kreuzerheck war, die Deckaufbauten waren geschlossen, es gab nur zwei breite Schornsteine, die sich harmonisch in die Gesamtsilhouette des Schiffes einfügten. Das Schiff hatte auch ein Wasserflugzeug mit Katapultanlage an Deck. Die „Bremen" besaß insgesamt 11 Decks, davon vier durchführende im Rumpf und 4 in den Aufbauten. Der Rumpf war durch 14 wasserdichte Querschotten mit hydraulischen Türen unterteilt. Das luxuriös ausgestattete Schiff bot den 2224 Fahrgästen in 4 Klassen während der Überfahrt ein Höchstmaß an Bequemlichkeit. Die Besatzung zählte 999 Personen.

Den Antrieb der vier vierflügeligen Propeller von 5 m Durchmesser sicherten Dampfturbinen von 125 000 PS Gesamtleistung. Die 20 Wasserrohrkessel hatten Ölfeuerung. Die Jungfernfahrt im Juni 1929 von Bremerhaven über Southampton nach New York legte die „Bremen" in 4 Tagen 14 Stunden und 42 Minuten zurück und errang damit das Blaue Band. Im Jahre 1934 verkürzte sie diese Fahrzeit noch um 3 Stunden. Ihre Durchschnittsgeschwindigkeit betrug 28 Knoten.

Bei Ausbruch des Zweiten Weltkriegs gelang es der „Bremen" New York zu verlassen und auf dem Umweg über Murmansk den Heimathafen unbehelligt zu erreichen. Im Februar 1941 wurde sie bei einem Luftangriff in Brand gesteckt und brannte völlig aus.

Hauptmaße: Länge 273,92 m, Breite 31,06 m, Seitenhöhe 14,69 m, Wasserverdrängung 51 656 t.

„NORMANDIE"

Die „Normandie" war angeblich das schönste Fahrgastschiff der
Zeit vor dem Zweiten Weltkrieg. Sie wurde im Januar 1931 auf
der Werft Chantier et Ateliers de St. Nazaire-Panhoët auf Kiel gelegt. Ihr Stapellauf erfolgte im Oktober 1932, im Mai 1935 lief
sie zur ersten Probefahrt aus. Ebenso wie die britische „Queen
Mary" war sie für die regelmäßige Wochenverbindung zwischen
Frankreich und den USA bestimmt. Sie war Eigentum der Gesellschaft Compagnie Générale Transatlantique.

Die „Normandie" hatte einen schlanken Bug mit leicht überhängen-
dem Vorsteven und ein ovales Heck. Der Schiffsrumpf mit Doppelboden und fünf durchgehenden Decks war durch 11 Querschotten
unterteilt. Das Hauptdeck reichte fast über die ganze Schiffslänge.
Darüber befand sich ein langes Promenaden- und ein Bootsdeck, das
an die verhältnismäßig lange Brücke anschloß. Von den 3 Schorn-
steinen war der dritte nur als eine Atrappe aus ästhetischen Gründen
angebracht.

Das Schiff besaß eine moderne Feuerschutz-, Rettungs- und Naviga-
tionseinrichtung, war luxuriös ausgestattet und konnte in 7 Kajütenklassen insgesamt 1975 Fahrgäste befördern. Die Besatzung zählte
1 345 Personen.

Die „Normandie" war anfänglich mit vier dreiflügeligen Propellern
ausgestattet, die von einer turboelektrischen Anlage von 160 000 PS
Gesamtleistung angetrieben wurden. Den Dampf für die Turbinen
erzeugten 29 ölgefeuerte Steilrohrkessel. Mit den ursprünglichen
Schrauben erzielte das Schiff bei den Probefahrten eine Höchstgeschwindigkeit von 32,1 Knoten. Im Jahre 1937 wurden die vierflügeligen Propeller installiert, mit denen die „Normandie" auf der Fahrt
von Amerika nach Europa mit der Durchschnittsgeschwindigkeit von
31,2 Knoten und der Fahrzeit von 3 Tagen 22 Stunden 7 Minuten
das Blaue Band errang. Während des Krieges wurde das Schiff von
den Vereinigten Staaten übernommen und auf „Lafayette" umgetauft. Beim Umbau zu einem militärischen Transportschiff geriet sie
im Februar 1942 in Brand und kenterte. 1946 wurde sie zum Ver-
schrotten verholt.

Hauptmaße: Länge 299,16 m, Breite 35,88 m, Seitenhöhe 27,98 m,
Raumgehalt 83 243 BRT.

„QUEEN MARY"

Um die regelmäßige wöchentliche Kursverbindung zwischen Europa und Amerika zu gewährleisten, gab die Cunard Steamship Co. ein neues Fahrgastschiff in Auftrag, das im August 1930 auf der Werft John Brown & Co. Ltd. in Clydebank auf Kiel gelegt wurde. Die Weltwirtschaftskrise verzögerte den Bau um vier Jahre. Inzwischen war es zur Fusion der Gesellschaften Cunard und White Star gekommen und die britische Regierung hatte beschlossen, den Bau des Schiffes zu subventionieren. Der Stapellauf der „Queen Mary" fand im September 1934 statt und am 27. Mai 1936 lief sie zu ihrer Jungfernfahrt aus. Sie kam nach vier Tagen und 27 Minuten in New York an. 1938 errang sie mit der Fahrzeit von 3 Tagen 20 Stunden und 42 Minuten das bis dahin von der „Normandie" gehaltene Blaue Band des Atlantiks.

Die „Queen Mary" hatte eine genietete Konstruktion mit einem Querspantensystem des Schiffsrumpfs. Der Rumpf hatte einen Doppelboden, 5 Decks und war im Sinne der Konvention von 1948 über Sicherheit des Menschenlebens auf See mit 15 wasserdichten Querschotten mit hydraulisch fernbetätigten Türen ausgestattet. Das Hauptdeck mit dem Aufbau des unmittelbar mit der Brücke verbundenen Promenadendecks reichte vom Bug bis fast zum Heck. Die Zahl der Schornsteine war auf drei beschränkt. In der Kajüten-, Touristen-, und III. Klasse fanden insgesamt 2 139 Fahrgäste Unterbringung. Die Besatzung zählte 1 101 Mitglieder. Die „Queen Mary" hatte 4 Propeller, die über die Übersetzungsgetriebe von vier Turbinensätzen angetrieben wurden. Jeder Satz bestand aus einem Hochdruck-, zwei Mitteldruck- und einem Tiefdruckgehäuse. Für die „Queen Mary" war eine Geschwindigkeit von 29 Knoten projektiert; die Turbinen hatten daher eine Gesamtleistung von 162 176 PS. Die 24 ölgefeuerten Wasserrohrkessel gaben den Turbinen Dampf. Während des Zweiten Weltkriegs wurde die „Queen Mary" als Truppentransportschiff verwendet. Ab 1947 fuhr sie wieder bis zum Jahre 1967 die Nordatlantikroute. Dann wurde sie in die USA verkauft. In Long Beach dient sie heute als Marinemuseum.

Hauptmaße: Länge 297,24 m, Breite 36,15 m, Seitenhöhe 20,88 m, Raumgehalt 81 235 BRT.

„UNITED STATES"

Die „United States" ist seit 1952 Trägerin des Blauen Bandes des Atlantiks. Bei ihrer Jungfernfahrt im Juli 1952 brach sie in beiden Richtungen, d. i. aus den USA nach England und zurück, den seit 1938 von der „Queen Mary" gehaltenen Rekord. Bei der Fahrt nach Osten erzielte sie eine Durchschnittsgeschwindigkeit von 35,59 Knoten, auf dem Westkurs 34,51 Knoten. Die Fahrzeit über den Atlantik verkürzte sie auf weniger als vier Tage.

Die „United States" wurde auf der Werft Newport News in Virginia in wahrer Rekordzeit gebaut: im Februar 1950 auf Kiel gelegt, lief sie bereits im Juni 1951 vom Stapel. Sie hat einen leicht vorgeneigten Vorsteven, ein Kreuzerheck, lange Aufbauten, die glatt an die Brücke anschließen und zwei breite Schornsteine mit Rauchflügeln. Das Promenadendeck trennt den Stahlrumpf von den Aufbauten, die mit Ausnahme des Bugteils ausschließlich aus leichten Legierungen hergestellt sind. Die Inneneinrichtung und die Ausstattung des Schiffes bestehen fast ausnahmslos aus feuerfesten Stoffen. Die „United States" verfügt über Unterbringungsmöglichkeiten für insgesamt 2 008 Fahrgäste in 3 Kajütenklassen und hat eine Besatzung von 1 093 Personen. Das Schiff kann außer den Fahrgästen noch 4 191 m³ Stückgut befördern und hat einen Kühlraum für 1 359 m³ Fracht. Es ist für den Transport von Fahrgästen und Post bestimmt, kann jedoch in kurzer Zeit zu einem militärischen Transporter für 14 000 Mann umgestaltet werden. Ferner stehen an Bord Räume zur Verfügung, die den Fahrgästen jede erdenkliche Bequemlichkeit bieten, wie Salons, Bars, Kino, Schwimmbecken, Kinderspielplatz sowie die üblichen Dienst- und Wirtschaftsräume.

Die vier Propeller werden von 4 Westinghouse Electric Corp. Turbinen von 240 000 PS Höchstleistung angetrieben. Den Dampf liefern 8 Babcock&Wilcox-Kessel mit Ölfeuerung. Die „United States" versah ihren Dienst bis zum Herbst 1969; sie wurde dann aus wirtschaftlichen Gründen außer Dienst gestellt.

Hauptmaße: Länge über alles 301,8 m, Breite 30,97 m, Tiefgang 10,98 m, Wasserverdrängung 56 000 t.

„FRANCE"

Die „France" ist eines der modernsten und größten Fahrgastschiffe. Durch ihre größte Länge von 315,66 m hält sie den Rekord des längsten Fahrgastschiffs der Welt. Im Oktober 1957 wurde sie auf der Schiffswerft Chantiers de l'Atlantique in Saint-Nazaire für die Compagnie Générale Transatlantique auf Kiel gelegt, im Mai 1960 vom Stapel gelassen und im März 1961 fertiggestellt. Bei den Probefahrten im November 1961 erzielte sie eine Höchstgeschwindigkeit von 34 Knoten. Ihre erfolgreiche Jungfernfahrt nach New York fand im Februar 1962 statt. Die „France" hat die Aufgabe, die wöchentliche Verbindung zwischen Frankreich und den USA auf der Nordatlantikroute zu gewährleisten.

Ihrer Konzeption nach ist die „France" ein Gegenstück zur „United States". Die komplett geschweißte Konstruktion hat Aufbauten aus leichten Legierungen, der Rumpf einen Doppelboden und vier durchführende Decks. Nach den Bestimmungen der Konvention von 1948 Schutz des menschlichen Lebens auf der See (SOLAS) ist sie durch 15 wasserdichte Schotten mit hydraulisch fernbetätigten Türen unterteilt. Die Aufbauten mit 3 Oberdecks sind durchlaufend, erstrecken sich fast über die ganze Länge des Schiffes und schließen an die Brücke an. Die beiden aerodynamisch gelösten Schornsteine sind oben mit Seitenflügeln versehen, deren Aufgabe es ist, den Rauch seitwärts wegzuleiten, um das Deck von Ruß frei zu halten.

Die „France" faßt insgesamt 2 044 Fahrgäste, davon 407 in der I. Klasse, 1 637 in der Touristenklasse und hat eine Besatzung von 1 000 Personen.

Der Antrieb der vier Propeller erfolgt durch vier Dampfturbinen mit 160 000 PS Gesamtleistung über ein einfaches Übersetzungsgetriebe. Den Dampf liefern 8 ölgefeuerte Steilrohrkessel. Das Schiff ist mit zwei Paar Stabilisatoren der Bauart Denny-Brown ausgestattet.

Hauptmaße: Länge über alles 315,66 m, Breite über alles 33,7 m, Höhe der Seite zum Promenadendeck 28,10 m, Wasserverdrängung 58 000 t.

FAHRGASTSCHIFF „MICHELANGELO"

Die 1965 auf der Werft Ansaldo gebaute „Michelangelo" gehört mit ihrem Schwesterschiff „Raffaelo" aus der Werft Cantieri Riuniti del Adriatico in Triest zu den größten und schönsten Fahrgastschiffen der Welt. Beide Schiffe wurden im gleichen Jahr von der italienischen Transportgesellschaft Italia Line auf der Linie Mittelmeer-Nordamerika eingesetzt.

Der Schiffskörper hat eine ganzgeschweißte Konstruktion und 11 Decks, der Rumpf ist der Konvention entsprechend durch wasserdichte Schotten mit fernbetätigten Türen unterteilt. Zur Verringerung des Gewichts sind die Aufbauten aus Aluminiumlegierungen ausgeführt. Die Schornsteine sind mit einer äußeren Gitterkonstruktion versehen, an deren Spitze Flügel angebracht sind, die eine Verunreinigung der Decks mit Ruß verhindern. Der Antrieb erfolgt durch zwei zweistufige Ansaldo-Dampfturbinen von 86 000 PS Gesamtleistung über 2 Propeller. Den Dampf liefern vier Kessel Foster Wheeler von 66,5 t/h Dampfleistung. Das Schiff hat in drei Kajütenklassen Unterbringung für insgesamt 1829 Fahrgäste, denen ein Kinosaal für 500 Personen, 6 Schwimmbecken, Salons und weitere Gesellschaftsräume zur Verfügung stehen. Die Besatzung zählt 720 Personen. Die Laderäume fassen 40 Autos.

Das Schiff ist mit einer Feuerlöschanlage, einer Klimaanlage, sowie allen übrigen Schiffssystemen ausgestattet, die einen sicheren Betrieb gewährleisten. Zur ständigen Funktionskontrolle der Propeller und des Ruders ist eine Fernsehanlage eingesetzt. Die Höchstgeschwindigkeit beträgt 29 Knoten, die Reisegeschwindigkeit 26,5 Knoten.

Hauptmaße: Länge über alles 275,5 m, Konstruktionsbreite 31 m, Seitenhöhe 15,75 m, Tiefgang 9,25 m, Tragfähigkeit 49 000 t.

„QUEEN ELISABETH II"

Nach den Probefahrten und einigen Veränderungen wurde die
„Queen Elisabeth II" im Dezember 1966 in Dienst gestellt. Sie ist
das leistungsfähigste Handelsschiff der Welt und das zweitgrößte bri-
tische Fahrgastschiff. Sie wurde, ebenso wie ihre beiden berühmten
Vorläuferinnen „Queen Mary" und „Queen Elisabeth", auf der
Werft Clydebank der Gesellschaft Upper Clyde Shipbuilders Ltd. —
der früheren John Brown Shipyard gebaut. Nach den Absichten der
Cunard Line Ltd. soll sie nicht nur als Schnelldampfer auf den Nord-
atlantikrouten zwischen Europa und Amerika, sondern auch für
Rundreisen eingesetzt werden.
Das Schiff hat einen schrägen, bogenförmigen Vorsteven mit einem
Bugwulst, ein Kreuzerheck und kompakte Aufbauten mit großen, vor
Seitenwind geschützten Deckflächen für die Fahrgäste. Über der
breiten Brücke erhebt sich ein Mast von moderner geschlossener Konzeption, in der hinteren Schiffshälfte ein Schornstein mit Windmantel.
Der Rumpf ist aus Stahl, ganz geschweißt, die Aufbauten bestehen
aus leichten Legierungen und sind ebenfalls ganz geschweißt. Die
„Queen Elisabeth II" hat gegenüber den früheren „Königinnen"
13 Decks und bei einer fast gleichen Fahrgastzahl— 2 025 Personen
in 2 Kajütenklassen — eine geringere Wasserverdrängung und einen
geringeren Tiefgang. Drei Viertel der Kajüten haben direkte Aus-
sicht auf das Meer. Die Besatzung zählt 906 Personen, d. i. um ein
Drittel weniger als auf den älteren Cunardschiffen.
Den Antrieb der beiden sechsflügeligen Propeller sichern zwei Brown-
Pametrada-Dampfturbinen von 110 000 PS Gesamtleistung. Den
Dampf liefern drei riesige Foster-Wheeler-Kessel mit Ölfeuerung. Zur
besseren Manövrierung in Häfen ist das Schiff mit dem Bugstrahl-
propeller versehen. Auf dem Schiff sind die modernsten Navigations-
anlagen sowie ein Computer zur Auswertung und Kontrolle des gesamten Schiffsbetriebs installiert.
Maße: Gesamtlänge 293,7 m, Breite 32 m, Tiefgang 11,1 m, Tragfähigkeit 60 000 t, Reisegeschwindigkeit 28,5 Knoten.

MOTORJACHT

Kleinere Segel- und Motorjachten erfreuen sich einer immer größeren Beliebtheit. Diese Schiffe werden vorwiegend zu Sport- und Vergnügungszwecken in Küstennähe verwendet. Für längere Seefahrten und größere Fahrgastgruppen wurden nach und nach Motorjachten entwickelt, bei denen es sich um Stahlschiffe von einer Wasserverdrängung zwischen 150 bis oder über 200 t handelt. Zu ihrer Ausrüstung gehören moderne Navigationsmittel wie Gyropiloten, Echolote, Radargeräte, ferner leistungsfähige Einrichtungen wie Stabilisatoren, Klimaanlage, eigenes Wasserwerk, Kühlschränke u. ä., die eine maximale Sicherheit für den Betrieb des Schiffes sowie ein Höchstmaß an Bequemlichkeit für die Fahrgäste gewährleisten. Es handelt sich um Ein- oder Zweischraubenschiffe, die gewöhnlich von Dieselmotoren mit einer Gesamtleistung bis 1 000 PS angetrieben werden und eine Geschwindigkeit von 12—15 Knoten entwickeln. Die Wohnkajüten haben Badezimmer, auf dem Schiff gibt es Salons, Speisesäle und je nach der Zweckbestimmung des Fahrzeugs noch andere Räume. Eigentümer dieser Motorkreuzer sind in der Regel reiche Privatleute, Staatsmänner, verschiedene Organisationen und königliche Familien. Zu den bekanntesten und größten Motorjachten gehört die britische Königsjacht „Britannia", die 1954 auf der Werft John Brown in Clydebank gebaut wurde. Sie ist als Mehrzweckfahrzeug gebaut — in Friedenszeiten steht sie der königlichen Familie zur Verfügung, im Krieg kann sie als Lazarettschiff benutzt werden. Sie hat eine Wasserverdrängung von 5 769 t, zwei Dampfturbinen mit 12 000 PS Gesamtleistung gewährleisten eine Geschwindigkeit von 21 Knoten.
Die Tradition der britischen Königsjachten ist jahrhundertealt. Erstmals erwähnt wird dieser Schiffstyp zu Beginn des 17. Jahrhunderts, die erste Königsjacht „Mary" wurde an einem unbekannten Ort gebaut und 1660 dem König Karl II. geschenkt.
Die Form der Motorjachten wird von bedeutenden Schiffbauern auf Grund der Modellversuche entworfen und diese Fahrzeuge gehören zu den Luxusschiffen.

TRAGFLÜGELSCHIFF

Die Bestrebungen der Schiffskonstrukteure sind unablässig auf eine Erhöhung der Geschwindigkeit gerichtet. Eine der Möglichkeiten besteht darin, den Widerstand des Schiffsrumpfes im Wasser zu verringern. Unter dem Rumpf des Schiffes angebrachte Tragflügel mit aerodynamischem Profil ermöglichen es, bei einer bestimmten erzielten Geschwindigkeit und durch den damit verbundenen Auftrieb, das Schiff über den Wasserspiegel zu heben, was den Schiffswiderstand wesentlich verringert. Die ersten Versuche mit Tragflügelbooten wurden schon am Beginn des 20. Jahrhunderts unternommen. Die weitere Entwicklung fiel in die Jahre vor dem Zweiten Weltkrieg; doch erst in den fünfziger Jahren begannen die Schweizer Firma Supramar und die Sowjetunion mit dem Bau von Tragflügelschiffen verschiedener Typen und Größen in Einzel- und Serienproduktion.

Form und Anordnung der Tragfläche sind bei den einzelnen Konstruktionsarten verschieden. Die Tragflächen sind unter dem Bug in V-Form oder einzeln an den Seiten des Schiffes, fallweise auch unter dem Heck, fest, kipp- oder drehbar angeordnet. In der Regel besorgen Dieselmotoren oder Gasturbinen von hohen Nennleistungen den Antrieb der Propeller. Die Geschwindigkeit der Tragflügelschiffe beträgt 70—130 km/h. Um Gewicht einzusparen, wird der Körper der Tragflügelschiffe aus leichten Legierungen hergestellt. Tragflügelschiffe werden im Nah- und Fernverkehr, auf Flüssen, Seen, in Meeresbuchten und Meerengen, z. B. in der Finnischen Bucht, der Straße von Messina, der Adria, im Japanischen Meer usw. verwendet. Sie können bis 150 Fahrgäste aufnehmen. Die bekanntesten Tragflügelschiffe sind Erzeugnisse der Firma Supramar-Serie PT 10, 20, 50, 150-, die amerikanische „Denison", die sowjetischen Schiffe der Typen Wolga, Raketa, Meteor, Kometa, Tschaika, Burewestnik und weitere.

Der Typ Supramar PT 50 ist 27,8 m lang und faßt 90 Personen. Zwei Dieselmotoren mit einer Gesamtleistung von 2 700 PS gewährleisten eine Geschwindigkeit von 75 km/h. Italien, Finnland und Japan bauen ihn in Lizenz.

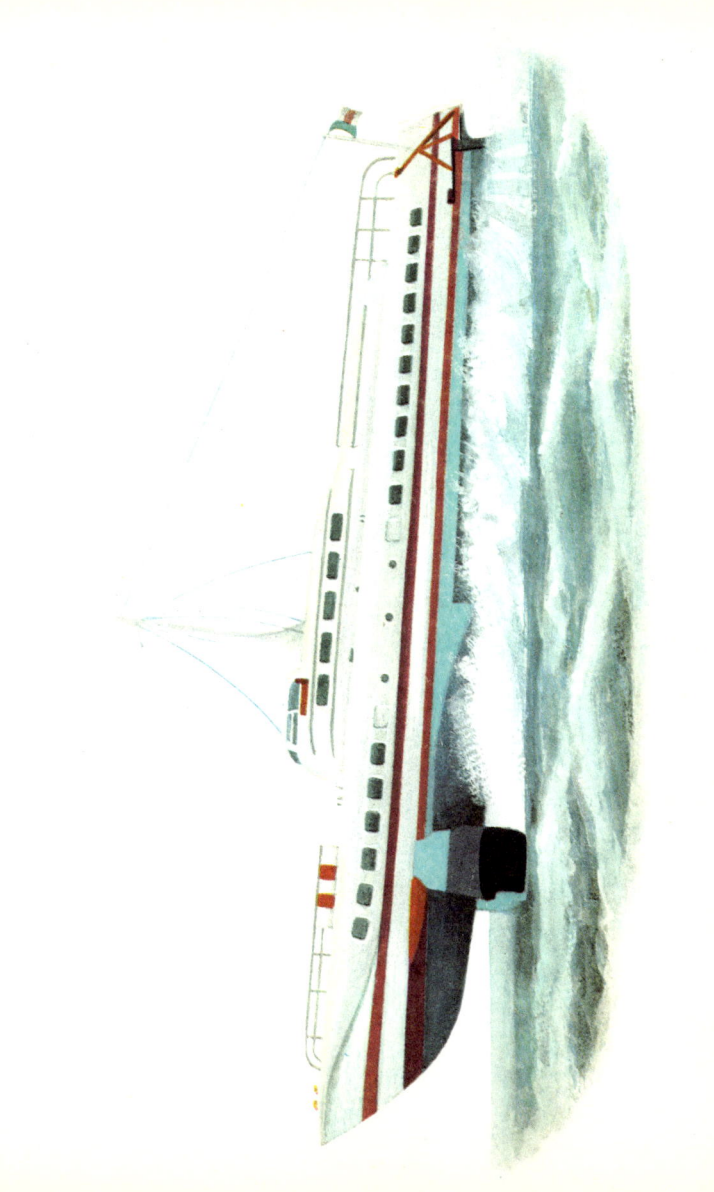

LUFTKISSENSCHIFF

Das Prinzip der Fortbewegung von Transportmitteln auf Luftkissen, die zwischen dem Boden des Fahrzeugs und dem Wasserspiegel oder dem Erdboden künstlich mit Hilfe eines Ventilators gebildet werden, wurde bisher vor allem im Wassertransport ausgenutzt. Seit den ersten, in der 2. Hälfte der fünfziger Jahre unternommenen Versuchen ist die Herstellung der Luftkissenschiffe in zehn Jahren zu einem Industriezweig geworden, in dem Großbritannien führend ist. Jede Herstellerfirma löst Form, Anordnung der Luftkanäle und Ausführung der elastischen Vorhänge auf andere Weise. In der Regel sichern Dieselmotoren und Verbrennungsturbinen den Antrieb der Ventilatoren. Flugzeugpropeller mit verstellbaren Flügeln, die durch eigene Motoren oder durch Übersetzung von den Hauptmotoren der Ventilatoren angetrieben werden, ermöglichen die Fortbewegung. An der Entwicklung der Luftkissenschiffe beteiligen sich z. B. die britischen Firmen Hovermarine Ltd., Vosper Ltd., Vickers-Armstrong Ltd. und Westland Aircraft.

Das größte bisher gebaute Luftkissenschiff ist der Typ SR.N4 der Firma British Hovercraft Corporation Ltd., aus der Klasse Mountbatten, das für den Transport von Fahrgästen und Fahrzeugen auf kürzere Entfernungen über Wasserstraßen mit einer Wellenhöhe von höchstens 3 m bestimmt ist. Es kann sich sowohl über dem Wasserspiegel, als auch über dem Erdboden bewegen, ist mit Seitentüren für die Fahrgäste und mit Klapppforten an Bug und Heck zum Verladen von Fahrzeugen ausgestattet. SR.N4 faßt entweder 609 sitzende Fahrgäste oder 174 Fahrgäste und 34 Fahrzeuge. Bei windstillem Meer trägt es 63,5 t Nutzlast bei der maximalen Geschwindigkeit von 70 Knoten. Die Ventilatoren und Propeller werden von vier Gasturbinen Rolls Royce Marine Proteus von je 3 400 PS Nennleistung angetrieben. Die SR.N 4 wurde im April 1969 auf der Strecke Dover—Boulogne in Dienst gestellt.

Hauptmaße: Länge über alles 39,7 m, Breite über alles 23,8 m, Gesamthöhe 11 m, Reisegeschwindigkeit 40—50 Knoten.

MOTORKREUZER

Sportliche Vergnügungsfahrten, Sportfischerei in Küstengewässern und Lustreisen sind die Zweckbestimmung der Motorkreuzer. Zum Bau des Schiffskörpers werden Holz, Stahl, Aluminiumlegierungen, in jüngster Zeit vorwiegend plastische Kunststoffe z. B. glasfaserverstärkte Laminate verwendet. Die Form des Schiffsrumpfs wird zumeist auf Grund von Modelltests entworfen, wobei besonders auf einen geringen Widerstand und die Erzielung hoher Geschwindigkeiten Wert gelegt wird. Gewöhnlich hat der unter der Wasserlinie liegende Rumpfteil V-Form. Im Vorderteil des Schiffes befindet sich in der Regel eine eingelassene Wohnkajüte, deren Einrichtung (Schlafgelegenheiten, Gas- oder Petroleumsparherd, Heizung, Kühlschrank) auch einen längeren Aufenthalt auf See ermöglicht. An die Kajüte schließt das erhöhte Ruderhaus mit gutem Ausblick über den Bug an. Bei den größeren Typen der Motorkreuzer liegt die Wohnkajüte mittschiffs und darüber das offene Ruderhaus. Moderne Navigationsgeräte, Echolot, Geschwindigkeitsmesser, Funkstation, Radar u. ä. ergänzen die Ausstattung. Das Heck ist meist offen oder teilweise gedeckt und bietet Raum zum Fischen, wofür auch eine Klappangel zur Verfügung steht. Dieser Kreuzertyp bietet Raum für 4—6 Personen.
Motorkreuzer werden entweder von einem eingebauten Motor mit Übersetzungsgetrieb auf ein oder zwei Propeller oder durch ein bis drei Außenbordmotoren angetrieben. Die Gesamtleistung erreicht bis 300 PS und darüber, die Höchstgeschwindigkeit meist 40 Knoten.

GROSSES BINNENSEEFRACHTSCHIFF

Das Gebiet der Großen Seen an der amerikanisch-kanadischen Grenze verlangt einen intensiven Fahrgast- und Frachtschiffverkehr. Schiffahrtlinien verbinden die wichtigen Industriezentren dieses Gebiets wie Chicago, Milwaukee, Green Bay, Duluth, Detroit, Cleveland, Toronto u. a. Durch die Schiffbarmachung des St. Lorenzstroms wurde dieses Gebiet 1958 an den atlantischen Wasserweg angeschlossen und Schiffsverbindungen mit der ganzen Welt aufgenommen.

Auf den Großen Seen werden hauptsächlich Getreide, Eisen- und Aluminiumerze, Mineralöl und die Industrieprodukte dieses Gebiets befördert. Im Laufe der Zeit gewannen die großen Binnenseeschiffe ein für ihre Art typisches Aussehen. Der Maschinenraum, mit Aufbau und Schornstein ist am Heck untergebracht. Direkt am Bug erhebt sich der Aufbau mit der Kommandobrücke. Die Schiffe haben keine eigene Ladeeinrichtung, weil die Häfen dieses Gebiets über alle Arten der nötigen Einrichtungen wie Kräne, Greifer, Elevatoren usw. verfügen. Nach der Art der beförderten Fracht sind die Schiffe dem Transport vor Stückgut, Massen- und flüssiger Fracht angepaßt.

Die Stahlkonstruktion des Rumpfes mit dem kurzen erhöhten Bug ist geschweißt, manchmal teilweise genietet. Die Aufbauten sind aus Aluminiumlegierung hergestellt. Die Schiffe haben meistens einen einschraubigen Antrieb durch Dieselmotoren. Bei einer Länge von 222,5 m und einer Breite von 23 m erreichen sie eine Tragfähigkeit bis 24 000 t. In jüngster Zeit ist ihr Betrieb automatisiert, was die Sicherheit erhöht und die Zahl der Besatzungsmitglieder vermindert.

KÜSTENFRACHTSCHIFF

Küstenfrachtschiffe, auch Küstenmotorschiffe, kurz Kümos genannt, sind Frachtschiffe verschiedener Typen, die zwischen den Häfen desselben Staates oder Meeres, fallweise auch in der Mündung großer Ströme verkehren. Je nach der beförderten Fracht können es Schiffe für Massengut, Stückgut, Kühlfracht, Tankschiffe und Spezialschiffe sein, z. B. für den Transport von Containern. Ihre Tragfähigkeit bewegt sich in der Regel um 1 000 t und übersteigt 3 000 t nicht. Der Maschinenraum befindet sich meistens in der Schiffsmitte, in jüngster Zeit jedoch auch am Heck. Im Hinblick auf die Hochseefahrt haben diese Schiffe einen verhältnismäßig hohen Bug, so daß sie nach ihrem Aufbau und dem Schornstein am Heck auf den ersten Blick zu erkennen sind. Sie sind mit einer eigenen Ladeeinrichtung ausgestattet, um in den einzelnen Häfen selbständig laden und löschen zu können. Den Kümos sind in Aussehen und Größe die Seeflußschiffe ähnlich, die wegen ihres geringen Tiefgangs auch Binnengewässer befahren und in Binnenhäfen einlaufen können.

Ein modernes Küstenmotorschiff ist die holländische „Unden", die auf der Werft Scheepswerf en Machinefabriek C. Amels & Zn. in Makkum für N. V. Romulus in Amsterdam gebaut wurde. Sie ist für den Transport von Bundholz und Papierrollen aus Schweden nach Holland bestimmt und verfügt über eine äußerst leistungfähige Ladeeinrichtung, die es ermöglicht, die Ladung binnen einem Tage zu löschen. Die Deckel der Ladeluken öffnen und schließen sich hydraulisch. Den Antrieb der einen vierflügeligen Schraube besorgt ein MaK-Dieselmotor von 1 500 PS Nennleistung, der eine Höchstgeschwindigkeit von 12,4 Knoten gewährleistet.

Hauptmaße: Länge über alles 77,66 m, Breite 11,85 m, Tiefgang 4,14 m, Wasserverdrängung 1 639 t.

SEEFRACHTSCHIFF

Seefrachtschiffe sind Fahrzeuge mit Motor- oder Dampfantrieb, die zum Transport trockener oder flüssiger Fracht bestimmt sind. Zusätzlich können sie bis zwölf Fahrgäste aufnehmen. Wenn sie mehr Fahrgäste befördern, gelten sie als gemischte Schiffe, auf die sich sämtliche Vorschriften und Konventionen über den Fahrgasttransport zur See beziehen.

Die wichtigsten Typen für trockene Fracht sind Schiffe für Massenfracht und Stückgut. Der Rumpf dieser Fahrzeuge ist durch Schotten in Laderäume unterteilt. Die Ladeluken der einzelnen Laderäume sind durch Deckel verschiedener Konstruktion, z. B. Schiebe- oder Klappdeckel geschlossen, die vorwiegend elektrisch oder hydraulisch betätigt werden. Zum Laden und Löschen der Fracht dienen Ladebäume, Kräne oder Transportbänder. Die Ladebäume sind klapp- oder drehbar und an Masten verschiedener Typen angebracht, z. B. an Masten normalen Typs, Doppelmasten, Dreifuß-, Portalmasten u. a. Die Frachtschiffe haben in der Regel eine ganzgeschweißte Stahlkonstruktion, sind ein- oder zweischraubig und werden von Dieselmotoren und Dampfmaschinen oder Dampfturbinen angetrieben. 65 % der Welthandelsflotten verfügen über Dieselmotorantrieb. Die modernen Navigationsinstrumente und die Automatisierung der Schiffsanlagen und Einrichtungen gewährleisten Sicherheit und eine leichtere Manipulation. Die übliche Tragfähigkeit der Frachtschiffe bewegt sich zwischen 5 000 und 30 000 t, ihre Durchschnittsgeschwindigkeit beträgt 15 und 20 Knoten.

Frachtschiffe für Massengut sind nach der Art der Fracht spezialisiert, z. B. für den Transport von Kohle, Erz, Getreide, Zucker, Düngemitteln u. a., ebenso die Schiffe für Stückgut, für den Transport von Transportmitteln, Autos, Papierrollen, Säcken, Kisten, Containern, Holz oder Kühlware.

ATOMSCHIFF „SAVANNAH"

1956 entschied der Kongreß der USA über den Bau des ersten Handelsschiffes mit Kernantrieb. Die „Savannah" wurde im Mai 1958 auf der Werft der New Yorker Firma Shipbuilding Corporation in Camden auf Kiel gelegt. Sie ist ein gemischtes Schiff für Fracht- und Fahrgasttransport und wurde als Versuchsfahrzeug der US Maritime Administration und der Kommission für Atomenergie gebaut. Der Stapellauf erfolgte am 21. Juli 1959, der Probebetrieb wurde im Jahre 1960 aufgenommen.

Die „Savannah" ist ein Schutzdecker, mit einem Klipperbug und einem Kreuzheck. Die an den dreideckigen Aufbau ohne Schornstein anschließende Brücke befindet sich in der hinteren Hälfte des Fahrzeugs, im Vorderteil des Aufbaus sind Kajüten für 60 Fahrgäste. Die Laderäume fassen 9 500 t Fracht. Das Schiff wurde für eine Geschwindigkeit von 21 Knoten und einen Fahrbereich von 300 000 Meilen projektiert.

Der Propeller wird von einer Dampfturbine der Firma De Laval Turbine Inc., Trenton, mit 20 272 PS Nennleistung über ein zweistufiges Übersetzungsgetriebe angetrieben. Den Dampf für die Turbine liefern zwei Generatoren, die vom Kühlwasser des Atomreaktors geheizt werden. Der Reaktor ist ein Erzeugnis der Firma Babcock & Wilcox und hat eine Nennleistung von 74 MW. Der Brennstoff ist angereichertes U 235. Der Reaktor mit beiden Generatoren sind in einer Stahldruckkammer untergebracht.

Als nach langen, durch Differenzen zwischen der Gewerkschaftsorganisation und dem Schiffseigner verursachten Verzögerungen die „Savannah" schließlich doch einige Fahrten unternehmen konnte, ließen sich die Messungsergebnisse nicht mehr auswerten, da der installierte Atomreaktor inzwischen veraltet war.

Maße: Länge 175,71 m, Breite 23,85 m, Seitenhöhe 9,03 m, Raumgehalt 10 190 BRT.

RIESENTANKER „UNIVERSE KOREA"

Der Bau von Riesentankern wurde in Japan am Anfang dieses Jahrzehnts auf den Werften der Firma SASEBO Heavy Industries und Ishikawajima-Harima Heavy Industries in Angriff genommen. Die derzeit größten Tankschiffe der Welt sind die „Universe Ireland", die „Universe Kuwait", die „Universe Korea", drei Schwesterschiffe von sechs gleichen Fahrzeugen, die von der National Bulk Carriers Inc., USA, bei der Firma IHI und SASEBO bestellt wurden. In langfristiger Vermietung an die Firma Gulf Oil Corp. dient die „Universe Korea" zum Transport von Rohöl aus Kuwait nach Irland auf der Route um Afrika. In Irland wird das Öl in Tanker von 50 000 t Größe umgepumpt und in die europäischen Raffinerien gebracht. Mit dem Bau des ersten Schiffes der Serie wurde im Oktober 1967 begonnen, der Stapellauf erfolgte im März 1968. Nach erfolgreichen Probefahrten wurde das Schiff im September 1968 dem Besitzer übergeben.

Die Schiffe sind in Querspantenbauart gebaut und haben außer den Querschotten auch zwei Längsschotten. Der Maschinenraum und der Aufbau befinden sich am Heck des Schiffes. Die Abgase werden durch zwei nebeneinander stehende Schornsteine abgeleitet. In der Schiffsmitte verläuft die bei Tankschiffen übliche Laufbrücke. Die zwei fünfflügeligen Schrauben von 7,2 m Durchmesser werden von zwei Dampfturbinen der IHI General Electrics mit 37 400 PS Gesamtleistung angetrieben. Den Dampf liefern in der Menge von 150 t pro Stunde zwei IHI-Foster Wheeler-Kessel. Die Geschwindigkeit beträgt 14,6 Knoten. Sämtliche wichtigen Schiffsanlagen und -systeme sind doppelt vorhanden. Die Ladepumpen für das Öl und das Ballastwasser sind gleichfalls ferngesteuert und zentralbetätigt. Die Besatzung zählt 76 Mann.

Hauptmaße: Länge über alles 345,3 m, Länge zwischen den Loten 330 m, Breite 53,5 m, Seitenhöhe 32 m, voller Tiefgang 24,8 m, volle Tragfähigkeit 326 585 t, Kapazität der Öltanks 399 630 m³.

VOLLCONTAINERSCHIFF

Die Containerschiffe gehören zu den spezialisierten Frachtschiffen für den Transport von Stückgut. Ihre Laderäume und Ladeeinrichtungen sind dem Transport großräumiger Container von international genormten Abmessungen angepaßt. Konstruktion und Ausführung der Ladeluken entspricht der Größe der Container, die Wände der Laderäume sind senkrecht, wodurch eine optimale Raumnutzung gewährleistet ist. Auch die Anordnung der Schotten und Trennungswände und die Sicherung der Einrichtung gegen ein selbsttätiges Verschieben der Container ist zweckentsprechend. In jüngster Zeit sind die Stückgutschiffe so konstruiert, daß die Container in einer Richtung eingeladen, in der anderen ausgeladen werden, sog. roll-on roll-off Schiffe. Zu diesem Zweck haben sie an den Seiten bzw. am Heck und am Bug Ladepforten. Entsprechend diesen Spezialeinrichtungen haben die Containerschiffe ein typisches Aussehen, z. B. durch den Heckaufbau mit dem Maschinenraum, die einfache kantige Rumpfform, das Spiegelheck, das Deck ohne Ladebäume und Maste, die Heck- und Seitenpforten. Ihre Geschwindigkeit übersteigt meistens 20 Knoten, die Tragfähigkeit erreicht 10 000 und 15 000 t. In den Ländern mit hochentwickelter Schiffahrt werden Containerschiffe erst seit wenigen Jahren gebaut. Die roll-on roll-off Schiffe sind noch jüngeren Ursprungs. Zum Laden und Löschen dieser Fahrzeuge sind Teile der Häfen und ihrer Laderampen und Kais entsprechend eingerichtet, um die Handhabung der Container möglichst rasch und ökonomisch zu gestalten.

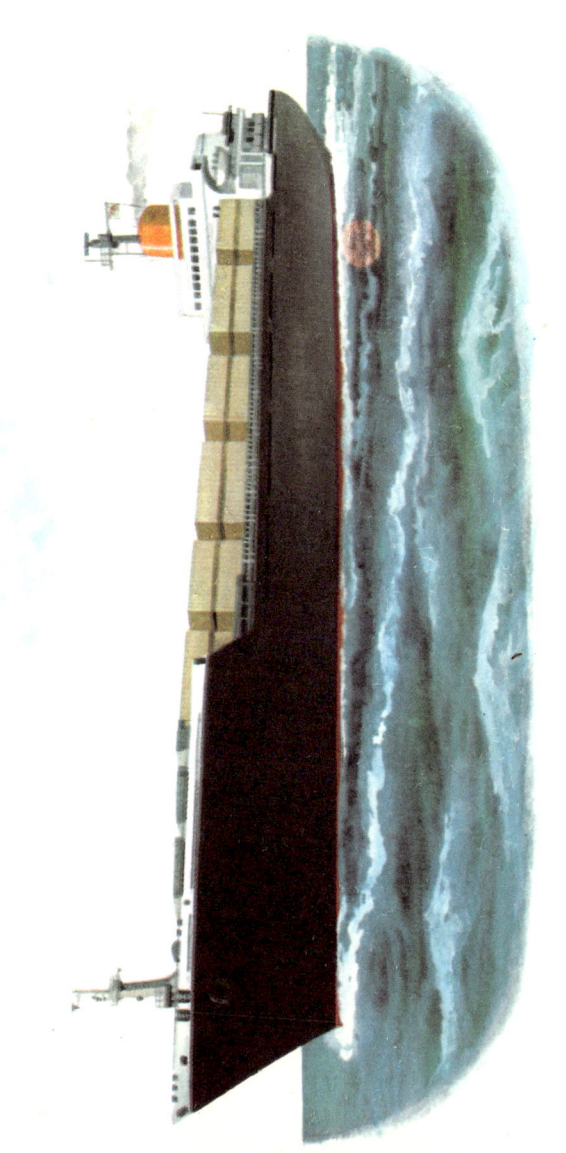

FÄHRSCHIFF

Fährschiffe dienen dem Transport von Eisenbahnzügen und Kraftfahrzeugen auf kürzere Entfernungen. Trajektschiffe haben im Rumpf 2 bis 4 Geleise. In den Zielhäfen öffnet sich das mit einer der Rumpfform angepaßten Klappe versehene Heck des Schiffes und die Geleise werden an die Ufergeleise angeschlossen. Bei einigen Trajektschiffen kann auch der Bug geöffnet werden, wodurch im Landehafen schwierige Wendemanöver erspart bleiben. Wenn die Fährschiffe für die Beförderung von Kraftfahrzeugen bestimmt sind, werden diese in der Regel auf mehrere Decks verteilt. Die Fährschiffe haben hohe Aufbauten, in denen sich Aufenthalts- und Erfrischungsräume für die Fahrgäste befinden.

Zum leichteren Manövrieren in den Häfen sind die Fährschiffe meistens zweischraubig und haben am Bug unterhalb der Wasserlinie eine Hilfsruderanlage, z. B. einen Voith-Schneider-Propeller oder ein Bugstrahlruder.

Fährschiffe, die dem Transport von Personenzügen und PKWs dienen, erzielen eine Geschwindigkeit von rund 20 Knoten und fassen bis 20 D-Zugwagen oder eine größere Zahl von Autos.

Sie verkehren in großer Zahl zwischen dem europäischen Kontinent und England, zwischen den dänischen Inseln und Skandinavien, in der Ostsee sowie auf den großen Seen Nordamerikas.

Eines der schnellsten Fährschiffe ist die schwedische „Stena Germanica", die Kiel mit Göteborg verbindet. Sie ist mit zwei MAN-Motoren von 8640 PS Gesamtleistung ausgerüstet, erzielt eine Geschwindigkeit von 23,5 Knoten und faßt 1 400 Personen und 200 Kraftfahrzeuge.

SEENOT-RETTUNGSKREUZER

Seenot-Rettungskreuzer sind Spezialfahrzeuge zur raschen Rettung schiffbrüchiger Besatzungen und Fahrgäste. Es sind mit wasserdichten Schotten und Luftkammern versehene, so gut wie unsinkbare Stahlschiffe, die mit allen Arten von Rettungsbehelfen, wie Schwimmwesten, Rettungsringen, Rettungsflößen, Seilwurfgeräten, Rettungsplanen, Öl zum Glätten der Wellen, Handpumpen, starken Megaphonen, Geräten zur künstlichen Atmung, Feuerlöschpumpen und leistungsstarken Funkstationen ausgestattet sind. Die Besatzung setzt sich aus besonders geschulten Mitgliedern des Seerettungsdienstes zusammen. Auf den Gedanken Schiffbrüchigen organisierte Hilfe zu leisten, kam man im Jahre 1786 in Nordengland, 1824 wurde in England die Royal National Lifeboat Institution gegründet. In Deutschland entstand 1865 die vor allem aus Spenden finanzierte „Deutsche Gesellschaft zur Rettung Schiffbrüchiger" mit Sitz in Bremen, die im Laufe der Jahre über 100 Küstenrettungsstationen einrichtete.

Es gibt zweierlei Arten von Rettungsschiffen: kleinere, die in bestimmten Küstenstationen einsatzbereit sind, und größere mit starken Motoren, die an gefährlichen Abschnitten der Seewege kreuzen.

HAFENSCHLEPPER

Zu den Aufgaben der Hafenschlepper gehört es, im Bereich von Häfen bzw. in Flußmündungen Fracht- und Fahrgastschiffe zu den Lande- und Ladekais oder in die Docks und Werften zu schleppen, Lastkähne im Hafen und auf der Reede an andere Orte zu bringen, Schiffe aus dem Hafen ins offene Meer zu verholen u. ä. Manchmal werden sie auch bei Rettungsarbeiten im Hafen eingesetzt, z. B. bei Bränden. In diesem Falle sind sie mit mächtigen, auf einer erhöhten Brücke oder einem Turm montierten Pumpwerken und Wasserkanonen ausgerüstet. Als Eisbrecher sind sie mit einer verstärkten Außenhaut, einem abgeschrägten Vorsteven, gegebenenfalls auch Ballastbehältern ausgestattet. Die Hafenschlepper haben einen erhöhten Bug, einen ziemlich hohen Aufbau mit der Kommandobrücke, die wegen der besseren Sicht zum Bug vorgerückt ist. Die Schiffe werden an einem Tau geschleppt, das mit einem Ende im Schlepphaken am Deck des Schleppers hinter dem Schornstein, mit dem anderen an den Pollern des geschleppten Schiffes festgemacht ist. Der Schlepphaken ist drehbar, gefedert und mit einer Slipvorrichtung versehen. Über dem Hinterdeck wölben sich mehrere Schleppbalken, auf denen das Schlepptau hin- und hergleitet. Heck und Bordwände sind gegen einen Anprall mit Fendern aus Flechtwerk oder Gummi geschützt. Die Hafenschlepper haben starke Motoren, zur besseren Manövrierfähigkeit manchmal auch die Schiffsschrauben in Kortdüsen oder sind auch mit einer Voith-Schneider-Propelleranlage versehen.

SCHUBSCHIFF „UNITED STATES"

Vor dem Zweiten Weltkrieg und nachher wurden auf den europäischen und amerikanischen Strömen Versuche mit einer neuen Art
der Schiffahrt, insbes. für den Schüttguttransport der sog. Schubschiff-
fahrt, unternommen. Das Schubschiff (Schubboot) schiebt eine ganze
Gruppe hintereinander und nebeneinander fest oder elastisch ver-
bundener Lastkähne und Leichter vor sich her. Der so gebildete
Schiffsverband (Aggregat) setzt dem Wasser einen weit geringeren
Widerstand entgegen, als ein Schlepper mit geschleppten Kähnen.
Das Schubschiff hat eine zweckentsprechende Spezialausrüstung mit
Schubschultern am Bug. Es ist kurz, mit einem höheren Aufbau und
dem Ruderhaus, verfügt über eine ausgezeichnete Ruderanlage und
eine Koppelungseinrichtung zum Festzurren der geschobenen Kähne.
In Amerika und in Europa hat sich die Schubschiffahrt auf den
Strömen Mississippi, Ohio, Missouri, Rhein, Mosel, Elbe, Donau,
Weichsel sowie auf den Strömen der Sowjetunion bewährt.
Das stärkste Schubschiff der Welt ist die „United States", die für die
Strecke Saint Louis — New Orleans am unteren Mississippi zum
Transport von Lastkähnen der Gesellschaft Federal Barge Lines, Inc.
bestimmt ist. Sie wurde auf der Werft St. Louis Shipbuilding and
Steel Company gebaut und im Dezember 1958 vom Stapel gelassen.
Die „United States" hat eine komplett geschweißte Stahlkonstruktion
mit einer fast kantigen Form der Wasserlinie und einem ansteigenden
Heck. In dem mächtigen, dreideckigen Aufbau mit dem Ruderhaus
befinden sich die Unterkunftsräume der Besatzung sowie die Wirt-
schafts- und Gesellschaftsräume. Die „United States" kann etwa
40 Kähne schieben, so daß die Gesamtlänge des Verbands 533 m und
deren Flächenraum 243 Ar beträgt.
Das Schiff wird von vier Dieselmotoren mit Turboaufladung mit einer
Gesamtleistung von 8 616 PS angetrieben. Die Propeller von 2 743 mm
Durchmesser arbeiten in Kortdüsen. Es hat vier Ruder am Heck und
zwei am Bug.
Hauptmaße: Länge 54,9 m, Breite 17,7 m, Tiefgang 3,85 m, Wasserverdrängung 2 086 t, Geschwindigkeit je nach der Zahl der geschobenen Lastkähne 13—28 km/st.

FISCHKUTTER

Die Bezeichnung Kutter wird entweder für kleine Einmaster mit
Gaffelsegel, Gaffeltoppsegel und 2—3 Vorsegeln oder für ein größeres
Ruderboot mit Takelage gebraucht, das als Hilfsboot der Kriegsmarine oder zur Ausbildung von Matrosen dient. Die Fischkutter
sind kleine, aus Holz, Stahl oder beiden Materialien kombinierte
Motorfahrzeuge, die zum Fischfang mit Schleppnetzen in Küsten-
gewässern sowie auf hoher See verwendet werden. Sie sind mit einer
Hilfstakelung ausgestattet, gewöhnlich mit zwei Masten und Gaffel-
oder Hochsegeln. Die Konstruktion ist sehr widerstandsfähig, die
Länge zwischen 12 und 20 m. Am Heck befinden sich das Ruderhaus
und der Motor, am Bug im Unterdeck die Kajüte für die Besatzung.
Der Mittelteil des Schiffes dient als Laderaum für den Fang. Die
Einrichtung des Fahrzeugs entspricht seinem kurzfristigen Einsatz.
Die Besatzung zählt gewöhnlich 6 bis 7 Mann. Den Antrieb der
häufig mit drehbaren Flügeln versehenen Schraube besorgt ein Dieselmotor von 60—135 PS Nennleistung, die Geschwindigkeit beträgt
8 bis 10 Knoten.
Die Fischkutter gehören zu den kleinsten und gebräuchlichsten
Fischerfahrzeuge. Sie fahren in die Fanggebiete der Nordsee, der
Ostsee und des Mittelmeers, längs der Atlantikküste und sichern die
regelmäßige Versorgung der Märkte der europäischen Hafenstädte
mit frischen Fischen. In Einzelheiten ist die Ausführung der Fahrzeuge je nach örtlichen Gegebenheiten und der Art des Fangs unterschiedlich.
Einen größeren Typ von kutterähnlichen Fischereischiffen stellen die
Logger dar, die gleichfalls mit Schleppnetzen fangen, jedoch größere
Laderäume (100—150 t), in der Regel mit einer Kühlanlage besitzen,
für einen längeren Aufenthalt auf See ausgestattet sind und eine
größere Besatzung haben.

TRAWLER

Der Trawler ist zum Fischfang auf hoher See mit Grundschleppnetzen oder kombinierten Grundschlepp- und Schwimmnetzen bestimmt. Je nach der Art, wie das Schleppnetz mit dem Fang an Bord gehoben wird, ist der Trawler entweder ein Seitentrawler mit Fischgalgen an den Seiten oder ein Hecktrawler mit einer schrägen Aufschleppe am Heck und einem Portal darüber. Die Schlepptaue des Netzes werden über ein Rollensystem an den Netzbalken oder an dem Portal mittels einer großen Fischnetzwinde gezogen. Ist das Netz an Bord gezogen, öffnet es sich von selbst und die erbeuteten Fische werden sortiert und entweder in Kühlräume eingelagert, in Fässern eingesetzt oder auch an Ort und Stelle zu Fischmehl, Fischtran, Fischfilet verarbeitet bzw. in Konservenbüchsen abgefüllt. In letzerem Falle hat der Trawler eine Gefrier- und Kühlanlage.

Die Trawler sind aus ursprünglich kleineren Schiffen mit einfachen Laderäumen und Dampfantrieb zu modernen, schwimmenden Fisch-fabriken geworden. Der Antrieb erfolgt durch Dieselmotoren, Dampf-turbinen mit ölgefeuerten Kesseln oder ist diesel-elektrisch. Die Schiffs-schrauben haben gewöhnlich verstellbare Flügel oder arbeiten in drehbaren Kortdüsen, die dem Schiff eine bessere Manövrierfähigkeit verleihen. Die modernen Trawler sind für den langfristigen Aufent-halt der Besatzungen auf See in den meist rauhen Fanggebieten des Nord- und Südatlantiks ausgestattet. Sie besitzen auch eine elektri-sche und akustische Anlage zur Aufspürung von Fischzügen. Die Größe der Trawler hängt von der Entfernung der Fangplätze von den Heimathäfen ab. Die Seitentrawler erreichen eine Tragfähigkeit bis 1 000 t, die Hecktrawler 2 500—3 000 t.

WALFANGMUTTERSCHIFF

Über 50 Jahre sind seit der Zeit vergangen, als die Meere der südlichen und nördlichen Halbkugel von den letzten Walfangsegelschiffen
mit einer Besatzung mutiger und wetterfester Männer befahren wurden, die sich in schlanken, schnellen Booten direkt am Walfang beteiligten und die Beute direkt an Bord vor allem zu Fischtran ver-
arbeiteten. Diese Arbeit haben heute Walfangboote übernommen, die
großen Trawlers ähnlich sind, jedoch einen großen Decksprung mit
einem Harpunengeschütz auf der Back haben, der mit einem Laufsteg
mit der Kommandobrücke verbunden ist. Ein weiteres Merkmal ist
der hohe Fockmast mit dem Krähennest zur Beobachtung von Wal-
rudeln. Die gefangenen Wale werden mit Preßluft aufgeblasen und,
an den Seiten des Fahrzeugs festgemacht, zum Walfangmutterschiff
geschleppt und dort an Bord verarbeitet.
Das Walfangmutterschiff hat am Heck eine Aufschleppe, mit deren
Hilfe die erlegten Wale an Bord gezogen werden. Hier wird die Fett-
schicht abgeschnitten, in Kesseln geschmolzen, das Fleisch konserviert oder zu Fischmehl verarbeitet. Diese Schiffe sind große, schwimmende Fabriken, die mit allem ausgerüstet sind, was für einen mehr-
monatigen Aufenthalt in den Fanggebieten erforderlich ist. Jedes
Mutterschiff ist gleichzeitig eine schwimmende Basis für 8—10 Walfangboote. Die größten Fahrzeuge dieses Typs erreichen eine Tragfähigkeit von 30 000—40 000 t. Sie sind Eigentum großer Fischerei-
gesellschaften. Die Norweger erforschten als erste die antarktischen
Fanggebiete und führten auch die Verarbeitung der Fangbeute auf
hoher See ein. Der Walfang mit Walfangmutterschiffen nahm vor
dem Zweiten Weltkrieg einen großen Aufschwung und wird bis heute
in starkem Maße betrieben. Über Walfangmutterschiffsflotten verfügen neben Norwegen auch Japan, Großbritannien, die Sowjetunion,
die Südafrikanische Republik und Argentinien.

EISBRECHER

Zur Freihaltung von Fahrrinnen in den nördlichen Bereichen der Ozeane und in den Polarmeeren dienen Eisbrecher. Es handeltsich um Fahrzeuge mit einer leistungsstarken Antriebsanlage, deren Rumpf der Zweckbestimmung angepaßt ist. Der Vorsteven ist im unteren Teil stark fliegend, damit das Schiff leicht auf die Eisdecke auffahren kann. Die Spanten sind stark gekrümmt, so daß die Eisschicht nicht senkrecht auf die Außenhaut einwirkt. Die Außenhaut ist überdies am Bug und in der Wasserlinie besonders verstärkt. Im Rumpf der Eisbrecher sind Ballastbehälter eingebaut, zwischen denen das Wasser umgepumpt werden kann. Dadurch wird ein künstliches Schlingern erzielt, was das Brechen des Eises erleichtert. Eisbrecher, die eine zusammenhängende, jedoch nicht allzustarke Eisschicht brechen sollen, haben am Bug eine zusätzliche Schraube, durch deren Wasserstrom das gebrochene Eis beiseite geschoben wird. Gegenüber den normalen Eisbrechern, die 2 m starkes Eis zerreißen können, bewältigen die speziellen Polareisbrecher 6 m dicke Eisschichten.

Im Jahre 1960 wurde im Nördlichen Eismeer der sowjetische Atomeisbrecher „Lenin" in Betrieb genommen, das erste Überwasserschiff mit Kernantrieb. Es ist mit drei Heckpropellern ausgestattet, die von drei Turbogeneratoren von 44 000 PS Gesamtleistung angetrieben werden. Den Dampf liefern drei autonome mit Druckwasser gekühlte Kernreaktoren, die im Mittelteil des Schiffes in einem besonders geschützten Raum mit bis 420 mm dicken Wänden untergebracht sind. Die Festigkeit und die Konstruktion des Schiffsrumpfes sowie die Zahl der Schotten entsprechen der internationalen Konvention von 1948. Der Eisbrecher „Lenin" kann ein Jahr ohne Auffüllung des Kernbrennstoffs fahren. Seine Geschwindigkeit in eisfreien Gewässern beträgt 18 Knoten, im Einsatz beim Brechen von 2,4 m dickem Eis 2 Knoten. Die „Lenin" hat die Schiffahrtsperiode im Norden von zweieinhalb auf viereinhalb Monate verlängert.

Hauptmaße: Länge über alles 134 m, Breite über alles 27,6 m, Seitenhöhe 16,1 m, Tiefgang 9,2 m, Wasserverdrängung 16 000 t.

Bergungsschiffe sind Spezialwasserfahrzeuge. Je nach der Organisation, die ihren Betrieb leitet, können es Fahrzeuge für militärische oder zivile Zwecke sein. Es handelt sich in der Regel um größere, entweder aus Fahrgast- oder Frachtschiffen umgebaute oder speziell für den Bergungsdienst gebaute Fahrzeuge. Schon nach dem Ersten Weltkrieg wurden zur Hebung gesunkener U-Boote Doppelrumpfschiffe gebaut. Die Bergungsschiffe sind in der Regel mit mächtigen Bordkränen, Schleppwinden sowie mit Caissons ausgestattet, haben eine Einrichtung zum autogenen Schneiden unter Wasser, starke Pumpwerke zum Herauspumpen des Wassers aus den gesunkenen Fahrzeugen, Ventilatoren zum Hineintreiben von Luft oder Spezialanlagen zur Herstellung chemischer Stoffe für die leichtere Hebung von Wracks. Die Schiffe verfügen über eigene Werkstätten, in denen Reparaturen beschädigter Schiffsmechanismen durchgeführt werden können, sowie Taucherstationen zur Entsendung geschulter Taucher zu Rettungsarbeiten unter Wasser.

Für Bergungszwecke werden auch starke, den Hafen oder Hochseeschleppern ähnliche Schlepper eingesetzt, die für das Abschleppen beschädigter Fahrzeuge bestimmt sind. Sie haben meistens Feuerlöschpumpen, so daß sie die speziellen Feuerlöschboote ersetzen können.

Viele Seemächte haben Bergungsschiffe in ihren Flotten, z. B. Großbritannien, die USA, Frankreich, beide deutschen Staaten, die Sowjetunion, Holland, Polen u. a.

KABELLEGER

Diese Spezialfahrzeuge dienen zum Auslegen, zur Reparatur und Kontrolle von Seekabeln. Ihr Rumpf enthält kreisrunde Tanks, in denen ein Kabel von einigen tausend Kilometern Länge aufgewickelt ist. Aus den Tanks wird das Kabel mit einer Spezialwinde mit mehreren Scheiben herausgeholt und über mehrere Rollen zum Bug geführt, wo eine Gleitrolle von großem Durchmesser angebracht ist. Über diese Rolle gleitet das Kabel ins Meer. Große Kabelleger haben auf dem Hinterdeck häufig eine Kabelwinde und eine Heckrolle. Außer der Antriebsanlage und den Rohrleitungssystemen sind sie mit Werkstätten zur Reparatur der Kabel und Untersuchungsräumen ausgestattet, in denen die Qualität der Isolationshülle der Kabel, ihre Leitfähigkeit und weitere elektrische Werte beim Auslegen der Kabel laufend geprüft werden.

Die ersten Kabelschiffe wurden 1858 in Dienst gestellt: das englische Linienschiff „Agamemnon" und die amerikanische „Niagara". Auch das größte Schiff des 19. Jahrhunderts die „Great Eastern", wurde zu einem Kabelleger umgebaut.

Alle großen Seemächte, bzw. ihre Telegraphen- und Postgesellschaften, die für die zuständigen Abschnitte der interkontinentalen Telegraphenverbindungen verantwortlich sind oder ihre eigenen Kabelverbindungen unterhalten, verfügen über neue Kabelleger. Zu den modernsten gehören die kanadische „John Cabot" aus dem Jahre 1965, die amerikanische „Long Lines" aus dem Jahre 1961, die britischen „Alert" und „Ocean Layer", die sowjetischen „Ingul" und „Jana" aus dem Jahre 1963 u. a. m.

Der Antrieb moderner Kabelleger erfolgt in der Regel dieselelektrisch, weil diese Art eine bessere Manövrierfähigkeit gewährleistet.

FORSCHUNGSSCHIFF

Forschungsschiffe sind Spezialwasserfahrzeuge für die Erforschung und Vermessung der Meere. Sie untersuchen die Bewegung und Zirkulation der Meeresströmungen, die Temperatur und den Druck des Meerwassers, den Salzgehalt, das organische Leben in den Meeren, die Wasserschichten, die Meerestiefe, die Oberfläche des Meeresgrundes und seine Beschaffenheit und sammeln noch weitere Angaben, die dann zur kartographischen Aufnahme der Wasserstraßen, zur Erz- und Ölförderung aus dem Meeresgrund, zur Ermittlung von Fischfanggebieten und zur Erprobung von Fangmethoden verwendet werden und weitere geodätische und naturwissenschaftliche Erkenntnisse ergeben. Die Forschungsschiffe haben nautische und spezielle Meßinstrumente, Tiefseewinden, mit denen Tiefseeanker und Sonden hinuntergelassen werden, Netze zur Planktonsammlung und ferner Taucherausrüstung, Taucherglocken, Unterwasserphoto-, -fernseh- und -filmkameras usw. An Bord sind verschiedene Laboratorien eingerichtet, in denen mit Hilfe weiterer Geräte und Computer die Ergebnisse der Meeresforschung ausgewertet werden können. Die Forschungsschiffe haben ferner gewöhnlich auch eine Anlage zur Dämpfung der Vibrationen und Schlingerbewegungen, zeichnen sich durch eine hervorragende Manövrierfähigkeit aus, besitzen eine Schallisolation, eine Vollklimaanlage usw.

Zu den bekanntesten Forschungsschiffen gehören die deutsche „Meteor" (BRD) aus dem Jahre 1965, die französische „Triton", die sowjetischen „Akademik Lomonossow" und „Sarja" (Schiff zum Messen des Erdmagnetismus), die amerikanischen „John Biscoe" (operiert in den Polargebicten), „Carnegie", „Galilei" und andere. Als Forschungsschiffe wurden auch jene Schiffe ausgestattet, mit denen um die Jahrhundertwende Entdeckungsfahrten in die Polarzonen unternommen wurden, wie Nansens „Fram", Scotts „Discovery" und „Terra Nova", Charcots „Pourquoi-pas" und weitere.

FEUERSCHIFF

Feuerschiffe sind Spezialwasserfahrzeuge, die den gleichen Zwecken dienen wie feste Leuchttürme, nämlich der Gewährleistung einer sicheren Fahrt an gefährlichen Stellen der Wasserstraßen, in der Nähe von Klippen, Sandbänken, in Meerengen oder Flußmündungen, vor der Hafeneinfahrt u. ä. Diese Schiffe sind sehr kräftig gebaut und tragen einen mächtigen, turmähnlichen Mast mit dem Leuchtfeuer an der Spitze. Außer Lichtsignalen können die Feuerschiffe auch Nebelsignale aussenden, sie verfügen über einen Radiosender und eine Funkpeilanlage. Sie sind an ihrem Standort verankert. Zur Entlastung der Ankertaue bei Sturm sind sie manchmal auch mit einem eigenen Antrieb ausgestattet, was aber nicht die Regel ist. Sie werden von Schleppern oder besonderen Hilfsfahrzeugen (sog. Leuchtturmtender), die sie auch regelmäßig versorgen, an ihren Standort gebracht. Manche Feuerschiffe haben keine Besatzung und arbeiten automatisch. Je nach der Staatszugehörigkeit und dem Ankerplatz sind die Schiffe unterschiedlich angestrichen. Feuerschiffe ankern z. B. in der Themsemündung, im Firth of Forth („North Carr") und in der Elbemündung („Elbe I" bis „Elbe IV", „Borkumriff").
In jüngster Zeit zeigt sich das Bestreben, die Feuerschiffe aus ökonomischen Gründen durch feste Leuchttürme zu ersetzen.

HOPPERBAGGER

Schwimmbagger gehören zur Gruppe der technischen Wasserfahrzeuge. Nach der Art, wie das Material ausgebaggert wird, unterscheiden wir Eimerketten-, Saug-, Greif-, Schaufel-, Rechen-, Polypenbagger u. a. Das Baggergut wird entweder direkt durch eine schwimmende Rohrleitung oder durch Förderbänder auf Schuten geschafft. Die Hopperbagger, oder Laderaumbagger, die in der Regel in den Häfen, Flußmündungen, Buchten, Kanälen und anderen Wasserstraßen eingesetzt werden, haben einen Laderaum und eine eigene Antriebsanlage, was die Ablagerung des ausgebaggerten Materials an geeigneten Stellen ermöglicht.

Diese Seebagger sind gewöhnlich als Saugbagger konstruiert. Die Baggeranlage besteht aus einer mächtigen Baggerpumpe, einer Saugrohrleitung und einem angetriebenen Saug- oder Schneidkopf. Mit Hilfe eines Auslegers kann die Baggeranlage in jeder beliebigen Tiefe eingesetzt werden. Der Ausleger mit dem Baggerkopf ist entweder in einem Schlitz in der Schiffsmitte oder auf jeder Seite angebracht. Zum Auspumpen des Materials und für dessen Transport in die Laderäume ist der Bagger mit einer leistungsfähigen Kreiselpumpe ausgestattet. Die Laderäume werden entweder abgesaugt oder mittels eines Klappbodens entleert. Der Gang der Baggereinrichtung und der Betrieb des Baggers sind gewöhnlich vollautomatisch und ferngesteuert, um dem Bedienungspersonal von einer Stelle aus den erforderlichen Überblick über die Bewegung des Baggers und den Arbeitsablauf zu ermöglichen.

Die Seebagger dieses Typs sind bis 120 m lang, die Gesamtleistung der Antriebsanlage beträgt 8 000 PS und die Bagger können in einer Tiefe bis zu 22 m arbeiten. Das Volumen der Laderäume beträgt 4 000—6 000 m³. Die Geschwindigkeit mit voller Ladung bewegt sich in der Regel um 15 Knoten.

Als Herstellungsland technischer Wasserfahrzeuge aller Art, vor allem von Saugbaggern und Hopperbaggern ragt Holland hervor, das sie in alle Weltteile ausführt.

UNTERSEEBOOT „NAUTILUS"

Robert Fulton (1765—1815) befaßte sich außer mit Überwasserfahr-
zeugen mit Dampfantrieb für zivile und militärische Zwecke auch mit
der Konstruktion von Unterseebooten. Nach seinem ersten Entwurf
baute er 1800 in Rouen das Unterseeboot „Nautilus". Nach Probefahrten auf der Seine wurde das Boot nach Le Havre gebracht, wo
die Tauch- und Schwimmproben erfolgreich verliefen. Die „Nautilus"
blieb mit ihrer dreiköpfigen Mannschaft über 2 Stunden unter Wasser. Das Schiff war 6,48 m lang, seine größte Breite betrug 1,24 m. Es
hatte ein Vertikal- und ein Horizontalruder, im vorderen, abgeteilten
Rumpfteil befand sich die Ankerwinde, die vom Innenraum aus bedient werden konnte. Für Überwasserfahrten verfügte die „Nautilus"
über ein faltbares Segel. Die ursprüngliche, handbetätigte Schiffsschraube (Archimedische Schraube) wurde durch eine zweiflügelige
von 1,34 m Durchmesser ersetzt. Zur Verbesserung der Stabilität beim
Tauchen brachte Fulton nachträglich am Bug eine weitere Schraube
mit senkrechter Achse an. Auch der Versuch ein anderes Schiff zu
torpedieren verlief erfolgreich. Fulton kehrte nach Paris zurück, wo
er 1801 in der Werkstatt der Gebrüder Perrier einen neuen „Nautilus" baute. Der spindelförmige Körper dieses Unterseeboots wurde
durch eine Außenhaut aus Kupferblech geformt. Im Juli 1801 unternahm Fulton mit seinen drei Gesellschaftern eine Reihe erfolgreicher
Proben mit dem neuen Schiff. Die „Nautilus" tauchte in eine Tiefe
von 8 m und legte eine Strecke von 400 m in 7 Minuten zurück. Mit
ihrem Preßluftvorrat hielt die Besatzung 4 Stunden 20 Minuten unter
Wasser aus. Zur Torpedierung von Schiffen erfand Fulton ein Torpedo mit Schießpulverfüllung und einem Zeitzünder. Probeweise tor-
pedierte er mit Erfolg eine alte Schaluppe. Dennoch gelang es ihm
nicht die Franzosen für seine Erfindung zu interessieren; er fuhr 1804
enttäuscht nach England und später nach Amerika.

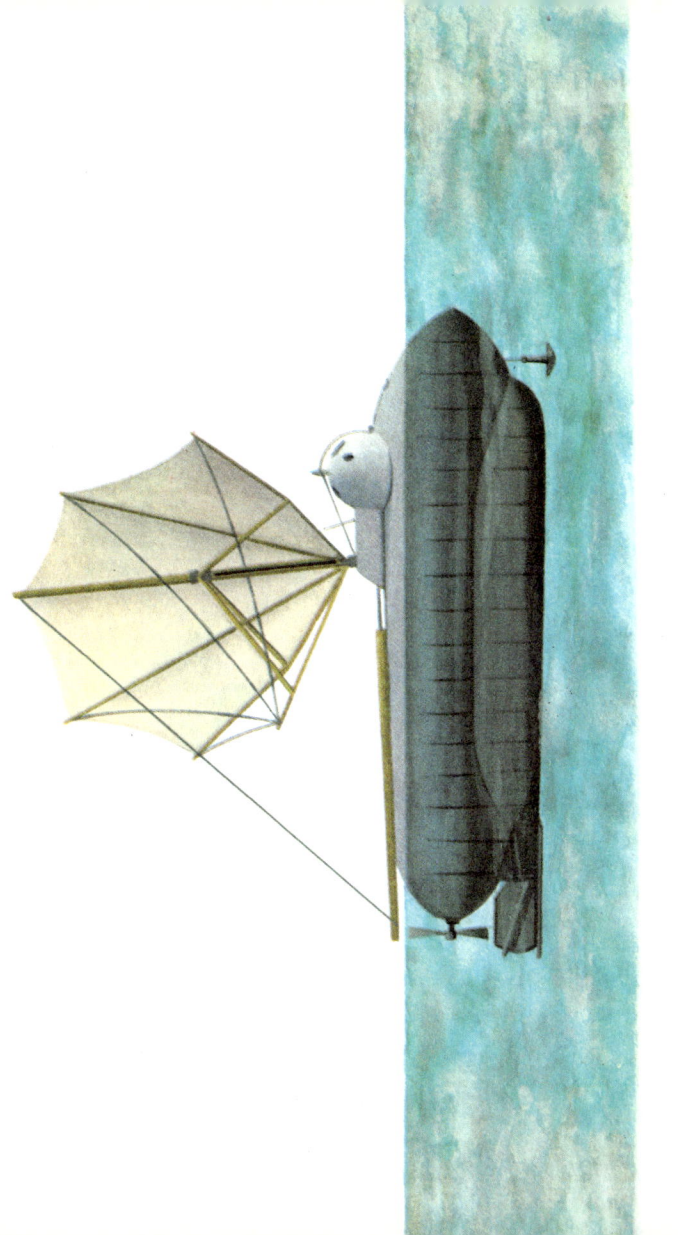

„DEMOLOGOS"

Die „Demologos" war das erste Kriegsschiff mit Dampfantrieb. Ihr Konstrukteur war Robert Fulton. Sie wurde 1814 auf der Werft von Adam and Noah Browne in New York gebaut und „Fulton the first" benannt. Das Schiff war dazu bestimmt, Aufgaben der Küstenverteidigung zu erfüllen und die britische Blockade der amerikanischen Staaten zu durchbrechen. Kurze Zeit nach seiner Fertigstellung im September 1815 war der Krieg zu Ende und so beteiligte es sich praktisch nicht an den Kriegsaktionen, sondern wurde im New Yorker Hafen verankert und als Versorgungsschiff benutzt. Im Juni 1829 wurde es durch eine Explosion restlos zerstört.

Die „Demologos" hatte einen Doppelrumpf aus Holz mit einem gemeinsamen Deck. Die beiden Rumpfteile waren durch einen 4,6 m langen Zwischenraum voneinander getrennt und in dessen Mitte war ein abgeschirmtes Schaufelrad von 4,9 m Durchmesser mit 10 Radialschaufeln angebracht. In dem einen Teil des Rumpfes war eine Dampfmaschine von 120 PS Nennleistung installiert, im anderen der kupferne Dampfkessel.

Die Bewaffnung des Schiffes bildeten zwanzig 32-Pfünder, von denen je acht an den Seiten, zwei am Bug und zwei am Heck des Hauptdecks hinter dem 1,47 m dicken Schanzkleid aufgestellt waren.

Im Juli 1815 unternahm die „Demologos" erfolgreiche Probefahrten, bei denen sie eine Geschwindigkeit von 6,35 Knoten entwickelte und 53 Meilen zurücklegte.

Hauptmaße: Länge 47,5 m, Breite 17,1 m, Seitenhöhe 6,10 m, Tiefgang 3,05 m, Tragfähigkeit 2 475 t.

„GLOIRE"

Nach den Erfolgen, die der Zweidecker „Napoleon" mit Dampfantrieb und Schraubenpropulsion erzielt hatte, regte der hervorragende Schiffskonstrukteur Dupuy de Lôme den Bau eines ähnlichen,
jedoch mit Panzerung versehenen Schiffes an. Im November 1859
lief auf der Werft der französischen Kriegsmarine in Toulon die erste
Panzerfregatte („Gloire") vom Stapel. Ihre Konstruktion bestand aus
Holz, die Wasserverdrängung betrug 5 620 t, die Dampfmaschine
hatte 900 PS Nennleistung. Bei den Probefahrten erreichte das Schiff
eine Geschwindigkeit von 13,5 Knoten. Die vierflügelige Schraube
hatte einen Durchmesser von 5,80 m. Neben dem Dampfantrieb war
die „Gloire" auch getakelt, d. h. sie trug Gaffelsegel an allen 3 Masten,
je 3 Rahsegel an Fock- und Großmast sowie 2 Vorsegel. Die Segelfläche betrug insgesamt rund 2 850 m².
Die Panzerung des Schiffes bestand an den Seiten, 2 m unter der
Wasserlinie, aus 10—12 cm dicken, geschmiedeten Eisenplatten. Bewaffnet war es mit 36 Geschützen neuen Typs, Kaliber 164 mm.
Nach dem Vorbild der Fregatte „Gloire" wurden in der 2. Hälfte
des 19. Jahrhunderts in verschiedenen Staaten viele weitere Schiffe
gebaut.
Hauptmaße: Konstruktionslänge 78 m, Breite 17 m, Tiefgang 7,75 m.

„MONITOR"

Im August 1861 berief der Kongreß der Vereinigten Staaten eine
Kommission ein, die beurteilen sollte, ob sich eiserne Schiffe mit Ka-
nonenbatterien, sog. „schwimmende Batterien", bewähren würden.
Auf Grund einer Empfehlung dieser Kommission wurden dann drei
solche Fahrzeuge — die „Galena", die „New Ironsides" und die
„Monitor", das berühmteste von ihnen — gebaut. Das Projekt der
„Monitor" stammte von John Ericsson, einem gebürtigen Schweden,
der in den vierziger Jahren des 19. Jahrhunderts in England erfolg-
reiche Versuche mit Schraubenschiffen unternommen hatte. Die
„Monitor" hatte die Form eines Floßes, in dessen Mitte ein drehbarer
Turm von 6 m Durchmesser mit zwei Elfzoll-Geschützen aufragte.
Seine Wände waren 20 cm dick, die Drehung erfolgte durch Dampf-
kraft, die Dicke der Außenhaut betrug 12,7 cm. Das Schiff wurde von
zwei Propellern von 2,94 m Durchmesser angetrieben. Die Dampfmaschine befand sich unterhalb der Wasserlinie im Rumpf des
Schiffes.
Das Schiff wurde auf der Werft Greenpoint in New York in der
Rekordzeit von 100 Tagen gebaut. Es drohte nämlich von dem Schiff
„Merrimac", das von der Union versenkt und von den Konföderier-
ten geborgen und rekonstruiert worden war, akute Gefahr. Die „Monitor" lief am 23. Januar 1862 vom Stapel und verließ am 6. März
mit einer Besatzung von 53 Mann den New Yorker Hafen, um die
„Merrimac" zu stellen, der es binnen ganz kurzer Zeit gelungen war,
mehrere föderale Fahrzeuge mit insgesamt 200 Kanonen zu zerstö-
ren. Der Kampf zwischen den beiden Schiffen fand am 9. März 1862
in Hampton Roads in Virginia statt. Infolge der besseren Manövrierfähigkeit, der stärkeren Panzerung und dem niedrigen Umriß, hielt
die „Monitor" ihrem dreimal größeren und an Feuerkraft überlege-
nen Gegner ohne ernstere Schäden stand. Nach einem dreistündigen
Duell zog sich die „Merrimac" zurück. Diese Schlacht zweier Panzerschiffe bestätigte den Vorteil der drehbaren Geschütztürme und des
Baus von Panzerschiffen mit Dampf- und Schraubenantrieb.
Hauptmaße: Länge 52,5 m, Breite 12,65 m, Seitenhöhe 3,45 m,
Tiefgang 3,2 m, Wasserverdrängung 1 200 t.

UNTERSEEBOOT „GYMNOTE"

Einen bedeutenden Erfolg im U-Bootbau erzielten in der 2. Hälfte des 19. Jahrhunderts die Franzosen. Im Jahre 1883 begannen sich die Konstrukteure Dupuy de Lôme und Gustave Zédé mit dem Gedanken einer Vervollkommnung des Unterseeboots zu befassen. Sie beschlossen, als Antrieb eine von Kapitän Krebs konstruierte elektrische Maschine einzubauen, wie sie auf dem ersten lenkbaren Luftschiff „La France" verwendet worden war. Nach dem Tode Dupuy de Lômes setzte Gustave Zédé die Arbeit fort und konstruierte 1886 in den Werkstätten Forges et Chantiers de la Méditerranée sein erstes Unterseeboot. Nachdem er es dem Marineministerium vorgeführt hatte, wurde er angewiesen, nach den Anweisungen dieser Behörde ein neues Projekt auszuarbeiten. So entstand das Unterseeboot „Gymnote". Mit dem Bau wurde im Arsenal von Toulon im April 1887 begonnen, der Stapellauf erfolgte im September 1888. Es handelte sich noch nicht um eine wahre Unterseewaffe, sondern um den Versuch, die Brauchbarkeit der Schiffssysteme und die Tätigkeit der elektrischen Maschine zu prüfen. Die „Gymnote" hatte eine symmetrische Spindelform. Nachträglich wurde sie zur Erleichterung des Einstiegs mit einem schmalen Deck ausgestattet. Ihre Gesamtlänge betrug 17,2 m, der größte Durchmesser des Schiffskörpers 1,8 m, die Wasserverdrängung 29,3 t. Der Körper war aus Stahlplatten zusammengenietet. Die elektrische Maschine hatte eine Leistung von 55 PS und wurde von 564 Akkumulatoren gespeist. Nach erfolgreichen, zwei Jahre dauernden Proben, entschloß sich die Admiralität, nach dem Modell der „Gymnote" mit dem Bau eines großen Unterseeboots zu beginnen. Unter der Leitung von Gustave Zédé und Ing. Romazzotti wurde es 1889 auf Kiel gelegt und „Syrène" genannt. Nach Zédés Tode 1891 wurde es auf seinen Namen umgetauft. Nach dem Vorbild der „Gymnote" und der „Gustave-Zédé" baute die französische Marine bis zum Ende des 19. Jahrhunderts zahlreiche weitere Unterseeboote.

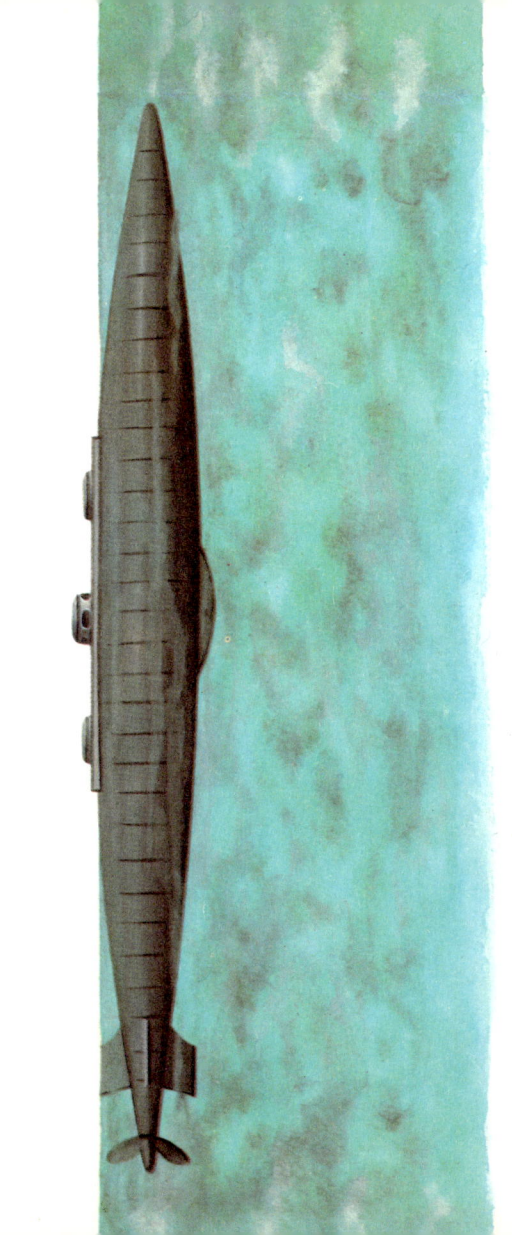

UNTERSEEBOOT AUS DEM ERSTEN WELTKRIEG

Am Ende des 19. Jahrhunderts wurde das Hauptproblem des Unter-
seebootsantriebs durch die Verwendung einer elektrischen Maschine
für die Unterwasserfahrt und eines Verbrennungsmotors für die Überwasserfahrt gelöst. Die größte U-Bootflotte des Ersten Weltkriegs hatte
Deutschland. Die Entwicklung der deutschen U-Boote wurde 1902
mit dem Bau des Versuchsboots „Forelle" von 16 t Wasserverdrängung nach dem Entwurf von Ing. D'Equevilley eröffnet. Auf Grund
der erfolgreichen Probefahrten mit der „Forelle" wurden Projektauf-
träge für größere Fahrzeuge vergeben und auch aus dem Ausland —
aus Rußland — liefen die ersten U-Bootaufträge ein. Ein Petroleum-
motor des Typs Körting diente als Antrieb. Als man um 1910 bei
Seeschiffen den Dieselmotor zu verwenden begann, wurde er bald
auch beim U-Bootsbau benutzt.
Die U-Boote deutscher Konstruktion waren als Zweihüllenboote mit
einem inneren und einem äußeren Druckkörper, der Hülle für die
Tauch-, Ausgleich- und Brennstoffbehälter gebaut. Am Heck befanden sich das Seitenruder und die Tiefenruder, die ebenso am Bug des
Fahrzeugs angebracht waren. In der Regel besorgten den Antrieb
zwei Propeller; diese wurden bei der Unterwasserfahrt durch aus
Akkumulatoren gespeiste Elektromotoren, bei der Überwasserfahrt
durch Dieselmotoren angetrieben. Bei der Überwasserfahrt wurden
die Akkumulatoren wieder aufgeladen. In dem in der Schiffsmitte
angebrachten Turm befand sich der Kommandostand mit den Seh-
und Lüftungsrohren. Die Bewaffnung der U-Boote bildeten gewöhnlich vier Torpedorohre am Bug und ein bis zwei am Heck, fallweise
auch Geschütze vom Kaliber 7,5 bis 15 cm sowie Minenwerfer. Die
deutschen U-Boote des Ersten Weltkriegs hatten eine Wasserverdrängung von 800—1 000 t und wurden meistens von zwei Dieselmotoren mit einer Gesamtleistung von 900—2400 PS angetrieben. Die
Tauchtiefe erreichte 30 bis 75 m, die Geschwindigkeit über Wasser
bis 18 Knoten, unter Wasser 7,5—8,5 Knoten. Die Besatzung bildeten
20—40 Mann.

KÜSTENTORPEDOBOOT

Als Whitehead in den achtziger Jahren des vorigen Jahrhunderts das Torpedo vervollkommnet hatte, kam man zum Schluß, daß ein kleines, schnelles Boot sich am besten als Torpedoträger eigne. Die Größe dieser Boote wuchs ständig, bis sie vor dem Ersten Weltkrieg als Zerstörer bereits kleinen Kreuzern ähnlich wurden. Während der Kriegsaktionen zeigte es sich dann, daß für diese Fahrzeuge Geschütze eine geeignetere Bewaffnung waren als Torpedos.

Am Beginn des 20. Jahrhunderts wurde auch der Verbrennungsmotor verbessert und bald auch bei den Torpedobooten verwendet. Für ihre weitere Entwicklung wirkte sich jedoch die verhältnismäßig geringe Geschwindigkeit hemmend aus. Nach zahlreichen Experimenten wurde dieses Problem von Sir John I. Thornycroft gelöst, der durch eine Änderung des Schiffsbodens ein besseres Gleiten des Boots auf dem Wasserspiegel und gleichzeitig auch gute Fahrteigenschaften erzielte. Im Sommer 1915 wurden die Pläne der britischen Admiralität vorgelegt und bereits im April 1916 die ersten Küstentorpedoboote mit Motoren von 250 PS Nennleistung fertiggestellt. Sie waren aus Holz gebaut, hatten eine Länge von 12,2 m und erzielten mit einem Torpedo und einer zweiköpfigen Besatzung Geschwindigkeiten über 30 Knoten. Zu ihrem ersten Einsatz kam es 1916 bei der Bombardierung von Ostende.

Inzwischen wurde das Boot ständig verbessert, auf 16,8 m verlängert, zum Tragen von zwei Torpedos hergerichtet, an deren Stelle später vier Wasserminen traten. Diese Boote erreichten mit 5 Mann Besatzung eine Geschwindigkeit bis 40 Knoten. Sie wurden hauptsächlich zur Bekämpfung von U-Booten und für den Küstenwachdienst, später auch als Minenträger verwendet und mit Maschinengewehren gegen Luftangriffe ausgerüstet. Dieser Typ bildete in den dreißiger Jahren die Grundlage für die Entwicklung der Schnellboote.

SCHLACHTSCHIFF „DREADNOUGHT"

Der Russisch-japanische Krieg, vor allem die Niederlage der russischen Flotte bei Tsuschima im Jahre 1905, hatte einen tiefgreifenden Einfluß auf die Konstruktion der Kriegsschiffe. Besonderer Nachdruck wurde auf die Feuerkraft und die Fahrgeschwindigkeit gelegt, weniger berücksichtigt wurde der Schutz des Schiffes durch Panzerung. Als erster Staat realisierte Großbritannien diese Erkenntnisse mit dem Bau des Schlachtschiffes „Dreadnought". Es wurde im Oktober 1905 auf der staatlichen Werft in Portsmouth auf Kiel gelegt und in der Rekordzeit von einem Jahr fertiggestellt. Im Februar 1906 erfolgte der Stapellauf und nach einem weiteren Jahr wurde die „Dreadnought" in Dienst gestellt. Sie trug zehn 305 mm-Geschütze in 5 Türmen. Die Geschütztürme waren höher angebracht als bisher und ermöglichten ein präziseres Zielen auf große Entfernungen. Die „Dreadnought" war im Mittelteil des Rumpfes mit Platten von 28 cm, am Bug von 15 cm und am Heck von nur 10 cm Dicke gepanzert. Diese Panzerung erwies sich im Laufe der Zeit als ungenügend. Außer den 305 mm-Geschützen verfügte die „Dreadnought" noch über vierundzwanzig 76 mm-Geschütze und 5 Torpedoausstoßrohre unter der Wasserlinie. Gegen feindliche Torpedos war sie durch die üblichen Drahtnetze geschützt, die an drehbaren Auslegern hingen.
Neu war der Antrieb durch Dampfturbinen vom Typ Parsons in vier Sätzen mit 24 700 PS Gesamtleistung. Das Schiff erzielte eine Geschwindigkeit von 21,5 Knoten.
Hauptmaße: Länge über alles 160,1 m, Breite 25 m, Tiefgang 9,5 m, Wasserverdrängung 22 500 t, Besatzung 800 Mann.

SCHLACHTSCHIFF „WEST VIRGINIA"

Das Schlachtschiff „West Virginia" wurde wie seine Schwesterschiffe
„Maryland" und „Colorado" kurz nach dem Ersten Weltkrieg auf
der nordamerikanischen Werft Newport News auf Kiel gelegt. Die
Bauzeit betrug mehr als drei Jahre (April 1920 bis Dezember 1923).
In seiner Konstruktion ähnelt es den Schiffen der California-Klasse.
Ein charakteristisches Merkmal dieser Schiffe waren zwei schlanke
Schornsteine und zwei Gittermaste. Beim Bau wurden die Erfahrungen aus dem Ersten Weltkrieg berücksichtigt und das Schiff wurde an
der Wasserlinie stärker gepanzert und stärker bewaffnet: acht 40,6 cm-
Geschütze mit 30 km Schußweite, je zwei in den vier Türmen an Bug
und Heck, ferner zwölf 12,7 cm-Geschütze, acht Flugzeugabwehrkanonen vom gleichen Kaliber, elf 4 cm-Flugzeugabwehr-Maschinen-
gewehre und zwei 533 mm-Unterwasser-Torpedorohre. Das Schiff
hatte drei Wasserflugzeuge an Bord und verfügte über zwei Katapult-
anlagen. Die Geschütztürme sowie die Geschütze wurden elektrisch
betätigt, desgleichen die Aufzüge.
Die vier Propeller der „West Virginia" waren durch General-Electric-
Dampfturbinen von 27 300 PS Gesamtleistung angetrieben. Den
Dampf lieferten acht Babcock-Wilcox-Kessel. Bei den Probefahrten
erzielte das Schiff eine Geschwindigkeit von 21 Knoten.
Hauptmaße: Länge über alles 190,2 m, Breite 29,7 m, größter Tiefgang 10,7 m, 1 486 Mann Besatzung.

SCHLACHTSCHIFF „YAMATO"

Die „Yamato" und ihr Schwesterschiff „Musashi" waren die größten Schlachtschiffe, die je gebaut wurden. Mit dem Projekt wurde 1934 begonnen, als die japanischen Militaristen einen möglichen Konflikt mit den USA voraussetzten. Die beiden Schiffe wurden 1937 auf der Werft der Firma Mitsubishi in Nagasaki auf Kiel gelegt, 1940 vom Stapel gelassen und 1941 vollendet.

Die Schiffe hatten einen in gebrochener Linie verlaufenden, überhängenden Vorsteven, einen mächtigen vorderen Turmmast, einen Schornstein in der Deckmitte und ein stufenförmig schmaler werdendes Hauptdeck. Ihre Bewaffnung bildeten neun 457 mm-Geschütze in drei Türmen (zwei am Bug, einer am Heck), zwölf 155 mm-Geschütze, zwölf 25 mm-Flugabwehrkanonen und acht Torpedorohre vom Kaliber 609 mm. Mittschiffs waren zwei Katapulte für 7 Flugzeuge angebracht. Die Panzerung der Schiffe war ebenfalls außergewöhnlich stark. Statt mehrerer gepanzerter Decks von verschiedener Dicke hatten beide Schlachtschiffe nur je ein Deck aus 21,2 cm starken Panzerplatten, die Seiten waren durch eine 41 cm dicke Panzerung geschützt, die Geschütztürme von einem 65 cm starken Panzer umgeben.

Den Antrieb der vier Propeller besorgten Dampfturbinen japanischer Herstellung mit insgesamt 150 000 PS Nennleistung, die eine Höchstgeschwindigkeit von 27 Knoten ermöglichten.

Die „Yamato" wurde im April 1945 auf der Fahrt nach Okinawa versenkt, als sie den Landtruppen zu Hilfe eilte. Sie erhielt sieben schwere Bomben- und zwölf Torpedotreffer.

Hauptmaße: Länge über alles 263 m, Breite 36,9 m, Tiefgang 10,9 m, max. Wasserverdrängung 72 809 t, Besatzung 2 500 Mann.

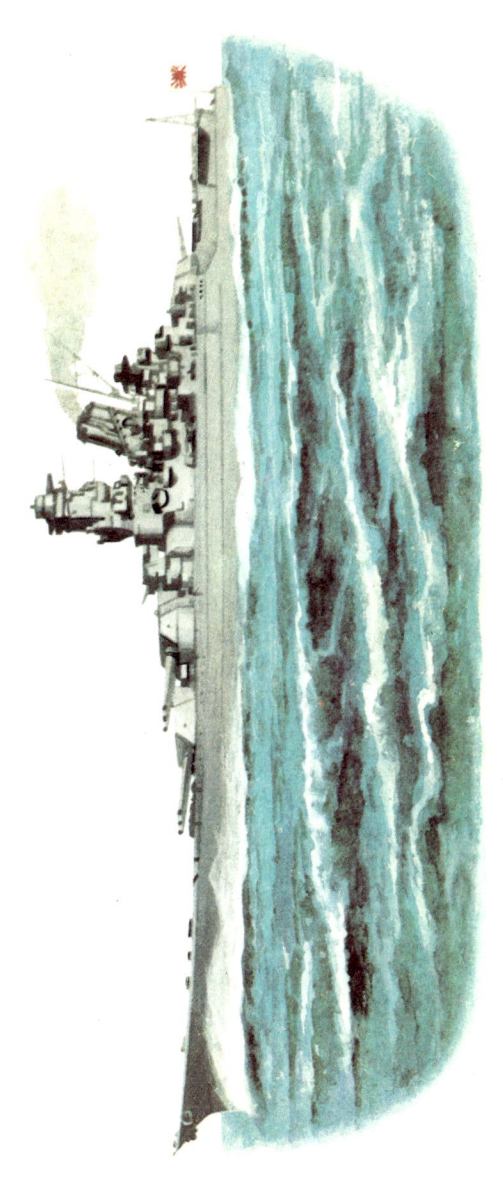

SCHLACHTKREUZER

Zu Beginn des 20. Jahrhunderts entstand auf Grund der Auswertung der Erfahrungen aus der Schlacht bei Tsuschima ein neuer Schiffstyp — der Schlachtkreuzer. Angestrebt wurde eine den bisherigen Schlachtschiffen ebenbürtige Bewaffnung sowie eine größere Einkreisungsmanöver ermöglichende Geschwindigkeit. Zu den ersten Schlachtkreuzern gehörten die britischen Schiffe der Klasse „Invincible" (1908), der Klasse „Indefetigable" (1912) sowie die deutschen Kreuzer „Von der Tann", „Goeben", „Lützow" und weitere.

Der größte Schlachtkreuzer und bis zum Zweiten Weltkrieg das größte Kriegsschiff der Welt war die „Hood". Ihr Bau wurde 1916 auf der Werft J. Brown and Co., Clydebank, begonnen. Im August 1918 wurde sie vom Stapel gelassen und im März 1920 fertiggestellt.

Ihre Bewaffnung bildeten acht 380 mm-Geschütze in vier Türmen, je zwei an Bug und Heck mit 150° Drehungswinkel nach beiden Seiten, zwölf 140 mm-Geschütze, vier 102 mm-Flugzeugabwehrkanonen und andere kleinere Waffen. Ferner verfügte die „Hood" über zwei Unterwasser-Torpedorohre, vier Überwasser-Torpedorohre vom Kaliber 533 mm und ein Wasserflugzeug mit Katapult. Die Dicke der Panzerung betrug an den Seiten 26,25 und 12,7 cm, unter der Wasserlinie 7,6 cm, an den Türmen 38 und 30,5 cm, an den Decks 5 und 6,6 cm.

Den Antrieb der vier Propeller besorgten Brown-Curtis-Dampfturbinen mit einer Gesamtleistung von 144 000 PS. Den Dampf lieferten 24 kurzrohrige Yarrow-Kessel mit Ölheizung. Die Höchstgeschwindigkeit des Schiffes betrug 31 Knoten.

Die „Hood" wurde am 24. Mai 1941 südwestlich von Island vom deutschen Schlachtschiff „Bismarck" durch einen Volltreffer ins Munitionslager versenkt.

Hauptmaße: Länge über alles 262 m, Breite 32,1 m, maximaler Tiefgang 9,6 m, Wasserverdrängung 42 100 t, Besatzung 1 341 Mann.

FLUGZEUGTRÄGER

Schon im Ersten Weltkrieg wurden in begrenztem Maße Flugzeugträger eingesetzt. Die Seemächte waren sich jedoch der künftigen Bedeutung dieser Fahrzeuge bewußt, und das Abkommen von Washington (1922) bezog auch diese Schiffe in seine Bestimmungen über bewilligte Tonnage ein, obwohl damals nur Großbritannien über solche Schiffe verfügte. Als erstes Land begann Japan mit dem Bau von Flugzeugträgern, gefolgt von den USA und Großbritannien, die weitere mächtige Schiffe bauten, so daß am Beginn des Zweiten Weltkriegs Großbritannien über 7, die USA und Japan über je 6 Flugzeugträger verfügten. Ihre Bedeutung bestätigte sich im Zweiten Weltkrieg, als die von ihnen startenden Flugzeuge in der Schlacht bei den Midwayinseln den Krieg im Pazifik entschieden. Nach dem Kriege konzentrierten sich die Konstrukteure darauf, die Leistung der Antriebseinheiten zu erhöhen und das Schiff so umzugestalten, daß es eine größere Zahl schneller und schwerer Flugzeuge tragen konnte. Diese Bemühungen gipfelten im Bau des amerikanischen Flugzeugträgers „Enterprise" mit Kernantrieb, der im Februar 1958 auf der Werft Newport News auf Kiel gelegt und im Dezember 1961 fertiggestellt wurde. Im Jahre 1965 wurde das Schiff der amerikanischen Pazifikflotte eingegliedert.

Das Flugzeugdeck hat eine Fläche von 1,82 ha und trägt 70 bis 100 Flugzeuge, die durch vier Aufzüge an Deck befördert werden. Die „Enterprise" hat keine Schornsteine und der geschlossene Turmaufbau bleibt somit uneingeschränkt den Radarantennen, der Fernsteuerung und Kontrolle der Deckmaschinen vorbehalten.

Der Antrieb der vier Propeller erfolgt durch Dampfturbinen von insgesamt 300 000 PS Nennleistung. Den Dampf liefern acht mit Druckwasser gekühlte Kernreaktoren. Die Geschwindigkeit beträgt 33 Knoten, der Fahrbereich bei dieser Geschwindigkeit 140 000 Meilen.

Hauptmaße: Länge über alles 341,3 m, Breite des Rumpfs 40,5 m, Tiefgang 11,3 m, Breite über das Flugzeugdeck 78,3 m, Wasserverdrängung 75 700 t, Schiffsbesatzung 2 870 Mann, Flugpersonal 1 430 Mann.

SCHWERER KREUZER

Durch den nach dem Ersten Weltkrieg geschlossenen Vertrag von Washington, der Tonnage und Zahl der großen Kriegsschiffe fest-setzte, wurden nur die Wasserverdrängung der Kreuzer auf 10 000 t und das Geschützkaliber auf 203 mm beschränkt. Erst die Londoner Konferenz von 1930 unterteilte die Kategorie der Kreuzer in schwere (mit Geschützen von über 155 mm Kaliber) und leichte und be-grenzte ihre Tonnage und Zahl für die drei Mächte USA, Großbritan-nien und Japan. Diese Einteilung wurde rasch von allen anderen Staaten für deren Kriegsflotten übernommen. In die Gruppe der schweren Kreuzer gehörten vor dem Zweiten Weltkriege z. B. die britischen Kriegsschiffe „Exeter", „York", „Suffolk", „Kent", „Dor-setshire", der französischen Klasse „Algérie", der amerikanischen Klasse „Indianopolis" sowie der deutschen „Admiral Hipper", „Prinz Eugen", der italienischen Klasse „Zara" u. a. m.

Einige dieser Kreuzer wurden vor dem Krieg und während seiner Dauer in Flugabwehrkreuzer umgebaut. Auch der schwedische Kreu-zer „Göta Leyon" der Klasse Tre kronor war für die Flugabwehr bestimmt. Er wurde im September 1943 auf der Werft Eriksberg Mekaniska Verkstad in Göteborg auf Kiel gelegt, im Dezember 1947 vollendet und in den Jahren 1951—52 rekonstruiert. Zu seiner Be-waffnung gehören 7 Flugabwehrkanonen vom Kaliber 152 mm, 4 Geschütze vom Kaliber 57 mm und 11 Maschinengewehre vom Kaliber 40 mm. Der Kreuzer ist ferner mit 6 Torpedorohren vom Kaliber 533 mm und einer Minenlegeinrichtung ausgerüstet. Seine beiden Propeller werden durch zwei Dampfturbinen de Laval mit einer Gesamtleistung von 100 000 PS angetrieben.

Hauptmaße: Länge über alles 182 m, Breite 16,5 m, größter Tiefgang 6,5 m, Wasserverdrängung 9 200 t, Besatzung 610 Mann.

RAKETENKREUZER

In den fünfziger Jahren unseres Jahrhunderts wurde die bereits hochentwickelte Raketentechnik auch für die Kriegsmarine nutzbar gemacht. Zerstörer und Fregatten werden für den Abschuß fernge-
steuerter Raketen, insbesondere gegen fliegende Ziele, umgebaut bzw.
neue Einheiten mit den entsprechenden Einrichtungen gebaut. Ein
Raketenkreuzer neuer Konstruktion ist die mit Kernantrieb ausgestattete amerikanische „Long Beach". Der Bau dieses Kreuzers wurde
im Dezember 1957 nach einem Projekt des US Navy Bureau of Ships
auf der Werft Betlehem Steel Co. in Quincy begonnen und im September 1961 beendet. Seit 1966 gehört das Schiff der amerikanischen
Pazifikflotte an. „Long Beach" ist das erste Überwasserkriegsschiff
mit Kernantrieb.
Die „Long Beach" hat zwei durch Druckwasser gekühlte Westing-
house-Kernreaktoren, die den Turbinen mit der Gesamtleistung von
80 000 PS Dampf liefern. Das Schiff ist zweischraubig und erzielte bei
den Probefahrten eine Geschwindigkeit von 30,5 Knoten. Bei voller
Leistung kann es ohne Zwischenlandung 100 000 Meilen zurücklegen.
Die Bewaffnung besteht aus einem Doppelraketenwerfer für Talos-
Raketen am Heck, zwei Terrier-Werfern am Bug und einem Asroc-
Werfer mittschiffs, ferner zwei 127 mm-Geschützen und sechs 305 mm-
Torpedorohren an Deck. Schwere Geschütze gibt es auf der „Long
Beach" nicht.
Hauptmaße: Größte Länge 219,8 m, Breite 22,3 m, Tiefgang 9,8 m
Wasserverdrängung 14 200 t, Besatzung 985 Mann.

LEICHTER KREUZER

Der Typ des leichten Kreuzers entstand am Beginn des 20. Jahrhunderts als Schiff, das mit den Zerstörern zusammenarbeiten und sie im Falle eines Angriffs feindlicher Fahrzeuge schützen sollte. Sie waren sowohl am Deck als auch an den Seiten gepanzert. Dampfturbinen gewährleisteten die erforderliche höhere Geschwindigkeit, das Kaliber ihrer Geschütze stieg mit der Zeit bis auf 152 mm. Zu Beginn des Ersten Weltkriegs betrug die durchschnittliche Wasserverdrängung 3 500 t, die Geschwindigkeit rund 28 Knoten. Die gegen Ende des Ersten Weltkriegs gebauten Schiffe erreichten eine Wasserverdrängung bis 5 000 t und wurden zum Standardtyp des leichten Kreuzers. Den Standardtyp des leichten Kreuzers aus der Zeit vor dem Zweiten Weltkrieg repräsentierte die „Ajax" aus der Klasse „Leander", die im Juni 1935 auf der Werft Vickers-Armstrong in Barrow vollendet wurde.
Ihre Bewaffnung bestand aus acht 152 mm-Geschützen in vier Türmen, vier 92 mm-Flugabwehrkanonen und weiteren Geschützen kleineren Kalibers. Hinzu kamen 8 Torpedoausstoßrohre und zwei Flugzeuge am Deck. Die Dicke der Panzerung betrug an den Seiten 5—10 cm, an den Türmen und an der Brücke 2,5 cm. Das Deck bestand aus 5 cm starken Blechplatten.
Den Antrieb besorgten Parsons-Dampfturbinen mit insgesamt 72 000 PS Nennleistung über vier Propeller. Den Dampf lieferten 4 Kessel des Admiralitätstyps. Die Verbrennungsprodukte wurden durch einen Schornstein abgeleitet. Das Schiff entwickelte eine Geschwindigkeit von 32,5 Knoten.
Die „Ajax" beteiligte sich zu Beginn des Zweiten Weltkriegs (Dezember 1939) an dem Seegefecht bei Montevideo mit dem deutschen Kreuzer „Admiral Graf Spee", 1940 an einer Aktion gegen die italienische Kriegsmarine im Mittelmeer und 1941 an der Evakuierung der britischen Truppen aus Griechenland und Kreta.
Hauptmaße: Länge zwischen den Loten 159,2 m, Breite 17 m, max. Tiefgang 4,7 m, Wasserverdrängung 6 840 t, Besatzung 550 Mann.

ATOM-U-BOOT „NAUTILUS"

Das erste Schiff mit Kernantrieb war die „Nautilus", die ihren Namen zu Ehren der Unterseeboote Jules Vernes und Robert Fultons erhielt. Im Jahre 1950 auf Kiel gelegt, wurde es 1954 auf der Werft Electric Boat Co., Groton, Connecticut, vollendet und ein Jahr später der US-Kriegsmarine übergeben. In den ersten Jahren des Betriebs wurden die einzelnen Systeme und Antriebsanlagen geprüft.

Der Rumpf der „Nautilus" ist spindelförmig und hat einen stumpfen Bug. Als Wärmeenergiequelle ist ein durch Druckwasser gekühlter Kernreaktor installiert. Den Brennstoff bildet angereichertes Uran U 235. Das Kühlwasser gibt im Kessel die Wärme an das Wasser des zweiten Umkreises ab, wo Dampf von 17 atp Druck und einer Temperatur von 213 ° Celsius erzeugt wird. Der Dampf dient zum Antrieb der Dampfturbinen, die über Reduktoren zwei Propeller antreiben. Neben dem Kernantrieb ist die „Nautilus" auch mit einem normalen Antrieb durch Dieselmotoren ausgerüstet. Die Gesamtleistung der Antriebsanlage beträgt rund 15 000 PS. Der Vorrat an Kernbrennstoff gewährleistet einen Fahrbereich von 130 000 km. Die „Nautilus" erzielt unter Wasser eine Geschwindigkeit von 20 Knoten, über Wasser 25 Knoten. Sie kann ununterbrochen 50 Tage lang unter Wasser fahren. Ihre maximale Tauchtiefe beträgt 230 m. Die Bewaffnung besteht aus 6 am Bug angebrachten Torpedorohren.

Im Jahre 1958 machte die „Nautilus" mit einer Besatzung von 116 Mann eine Fahrt vom Puget Sound im Pazifik über den Nordpol nach Portland in England. Bei dieser 22 Tage dauernden Fahrt fuhr sie 89,9 Stunden untergetaucht. Am 3. August 1958 passierte sie unter Wasser den Nordpol.

Hauptmaße: Länge 28 m, Breite 8,5 m, Wasserverdrängung 3 180 t, Besatzung 101 Mann.

ZERSTÖRER

Das gegen Ende der sechziger Jahre des 19. Jahrhunderts in Öster-
reich erfundene Torpedo wurde bald auch von den meisten Kriegsflotten der europäischen Staaten übernommen. Als Träger dienten
die sog. Torpedoboote, die eine Geschwindigkeit von 18 Knoten
erreichten. Ihre Anzahl und Größe stieg ständig, so daß ihnen aus-
reichend starke und schnelle Kriegsschiffe entgegengestellt werden
mußten. So entstand der sog. Torpedozerstörer von 220 t Wasserverdrängung und mit 27 Knoten Geschwindigkeit, der 1893 von der
Firma Yarrow entwickelt wurde. Durch Verwendung von Dampfturbinen nach der Erfindung von Ch. Parsons erhöhte sich die Geschwindigkeit auf 30 Knoten. Am Beginn des 20. Jahrhunderts verschmolzen Torpedoboote und Torpedobootzerstörer zu einem Typ
mit einer Wasserverdrängung bis 450 t, der zu einem festen Bestand-
teil aller Kriegsflotten wurde.
Nach dem Russisch-japanischen Krieg hatten die Zerstörer eine Wasserverdrängung von 900—1 100 t erreicht. Die Einführung der Ölheizung für die Dampfkessel ermöglichte die Verwendung stärkerer Turbinen und dadurch die Erzielung höherer Geschwindigkeiten. Außer
mit 4—5 Torpedorohren waren die Zerstörer gewöhnlich auch mit
3—5 Geschützen bewaffnet.
Nach dem Ersten Weltkrieg, als der Typ des großen Zerstörers, mit
einer Wasserverdrängung von ca. 1 300 t zur allgemeinen Norm geworden war, wurden sowohl das Geschützkaliber — 120—138 mm —
als auch das Kaliber der Torpedorohre größer und die Geschwindigkeit wurde auf 35—40 Knoten gesteigert. Während des Zweiten Weltkriegs wurden die Zerstörer als Begleitfahrzeuge auch zum Schutz
gegen Angriff von Flugzeugen, U-Booten und Ein-Mann-Torpedos
eingesetzt.
Nach dem Zweiten Weltkrieg wurden die Zerstörer grundlegend geändert. Die bisher üblichen Torpedos wurden durch Anti-U-Boot-
Torpedos ersetzt, die Ausrüstung mit Geschützen wurde verringert
und in manchen Fällen von Raketenwerfern abgelöst. Die Wasserverdrängung erreichte 2 500 t, die Geschwindigkeit 30—40 Knoten.
Ein solcher Anti-U-Boot-Zerstörer ist die holländische „Overijssel"
aus der Klasse Friesland von 2 476 t Wasserverdrängung, die außer
mit Wasserbombenwerfern mit acht Torpedorohren und speziellen
Raketenwerfern gegen U-Boote ausgerüstet ist.

FREGATTE

Unter diesem Begriff versteht man seit dem 17. Jahrhundert ein dreimastiges Segelschiff mit einem gedeckten Kanonendeck. Später wurden die Fregatten als Erkundungs- und Verbindungsschiffe verwendet. Im Laufe des 19. Jahrhunderts machten sie die gleiche Entwicklung durch wie die übrigen Kriegsschiffe; sie erhielten Panzerung, Dampf- und Schraubenantrieb und so entstand der Panzerkreuzer. Mit dem Namen Fregatte bezeichnete man im Zweiten Weltkrieg kleinere Kriegsschiffe mit Anti-U-Bootwaffen und leichten Geschützen, die anstelle der bisherigen Schnellboote und Korvetten als Begleitschiffe von Geleitzügen eingesetzt wurden. Im Gegensatz zu den Korvetten, die mit ihrer Geschwindigkeit von 15 Knoten und der Bewaffnung mit einem Schiffsgeschütz, mehreren Flugzeugabwehrkanonen und Wasserbombenwerfern nur kleine Schiffe vom Typ der Walfangboote waren, hatten die Fregatten neben stärkeren Geschützen, mehreren Flugzeugabwehrkanonen und Bombenwerfern auch zahlreiche normale Wasserbomben an Bord und erzielten bei einer Wasserverdrängung von 1 350 t eine Geschwindigkeit von rund 20 Knoten.
Nach dem Zweiten Weltkrieg erfolgte eine typenmäßige Einteilung der Fregatten in Fregatten für allgemeine Zwecke (d. s. solche, die den im Zweiten Weltkrieg eingesetzten ähnlich waren), schnelle Fregatten, Flugabwehrfregatten und Anti-U-Bootfregatten mit Raketenwerfern. Neben diesen Typen gibt es Fregatten mit spezieller Zweckbestimmung, z. B. zur Fernsteuerung von Flugzeugen u. ä. Einige dieser Typen haben eine Wasserverdrängung bis 2 000 t und eine Geschwindigkeit von ca. 40 Knoten und reihen sich somit in die üblichen Zerstörertypen ein.
Ein Beispiel für eine schnelle Fregatte ist die in den Jahren 1951 bis 1955 auf der Werft der französischen Kriegsmarine in Lorient gebaute „La Corse" mit 1 290 t Wasserverdrängung. Außer der üblichen Bewaffnung mit Geschützen verfügt sie über einen sechsfachen Raketenwerfer und über Torpedorohre. Die Dampfturbinen Rateau A. & C. von 20 000 PS Gesamtleistung vermitteln ihr eine Höchstgeschwindigkeit von 28,5 Knoten. Die Besatzung umfaßt 174 Mann.

MINENRÄUMBOOT

Die Minenräumboote gehören ebenso wie die Minenleger in die Gruppe der speziellen Kriegsschiffe. Zum Räumen und Legen von Minen können verschiedene kleine und große Wasserfahrzeuge verwendet werden, sofern sie mit der entsprechenden Einrichtung ausgerüstet sind. Während des Ersten und Zweiten Weltkriegs wurden zur Minenräumung sowohl Spezialschiffe als auch andere Fahrzeuge, z. B. Fischkutter und Trawler eingesetzt. Der Arbeitsvorgang bei der Entschärfung von Minen ist unterschiedlich und hängt davon ab, ob es sich um Kontaktminen, magnetische oder akustische Minen handelt. Die meisten Minen sind im Meeresgrunde fest verankert und schwimmen in einer bestimmten Tiefe unter dem Wasserspiegel. Die Freimachung der Minen von ihren Ankertauen erfolgt auf verschiedene Art; entweder fahren die Minenräumboote z. B. in einer Reihe nebeneinander und ziehen das Räumtau in einem Bogen hinter sich her, das die Ankertaue der Minen durchsägt, oder es wird ein Ottergerät, auch Pasavane genannt, verwendet, das 1917 erfunden wurde. Dieses besteht aus einem zigarren- oder torpedoförmigem Körper, der in einer bestimmten Tiefe und Entfernung zu beiden Seiten des Fahrzeugs schwimmt. Mit ihren gemeinsamen Räumtauen lösen sie die verankerten Minen vom Meeresgrund, die dann an der Wasseroberfläche mit dem Schneideapparat entschärft werden. Kriegs- und Handelsschiffe verwenden Otter als Selbstschutz gegen Minen. Die dritte Art der Minenräumung erfolgt mit Hilfe des sog. Oropesa-Gerätes, d. i. ein Räumtau, an dessen Ende sich ein bewimpelter Schwimmer (Schleppboje) befindet. Das Minenräumboot schleppt den Schwimmer an der Seite hinter sich her, wobei besondere, an dem Tau befestigte drachenförmige Körper (Drachen) es in der erforderlichen Tiefe unter Wasser spannen.

Minenräumboote sind kleinere Fahrzeuge von 400—800 t Wasserverdrängung, die heute durchweg aus Holz oder aus antimagnetischem Material konstruiert sind. Hinter dem Aufbau ist — ähnlich wie bei den Schleppern der Schlepphaken — eine Schleppwinde angebracht, am Heck befindet sich ein Kran oder ein Ausleger zum Heben der Schwimmer. Die Minen werden mit einem Schiffsgeschütz kleineren Kalibers zur Explosion gebracht. Minenräumboote sind in der Regel mit Geschützen kleinen Kalibers und schweren Maschinengewehren gegen Luftangriffe ausgerüstet.

SCHNELLBOOT

Dieser Typ schneller Torpedo- und Wachboote entwickelte sich in den Jahren vor dem Zweiten Weltkrieg aus den englischen Küstentorpedobooten. Diese ganz aus Stahl konstruierten Schnellboote hatten eine Wasserverdrängung von rund 100 t und erzielten mit einer Bewaffnung von zwei Torpedorohren an jeder Seite, einem schweren Maschinengewehr von 20 mm Kaliber und 17 Mann Besatzung eine Geschwindigkeit von 35 Knoten. Im Zweiten Weltkrieg wurde die Konstruktion dieser Boote weiter verbessert, wodurch sie zu Operationen auf hoher See tauglich wurden. Ihre Wasserverdrängung stieg bis 120 t, die Bewaffnung wurde um ein 40 mm-Geschütz und zwei bis drei 20 mm-Geschütze verstärkt. Die Geschwindigkeit betrug 35—40 Knoten. Angetrieben wurden sie durch Dieselmotoren von 3 000 PS Nennleistung.
Nach dem Zweiten Weltkrieg ging ihre Entwicklung weiter, insbesondere wurde der Antrieb vervollkommnet. Sie haben heute meist Gasturbinen von einer Leistung bis 5 000 PS, der Aufbau ist in der Regel aus Aluminiumlegierungen gefertigt und die Bewaffnung vor allem durch Flugzeugabwehrkanonen und Maschinengewehre verstärkt.
Varianten dieser Schnellboote sind die verschiedenen Patrouillen- und Wachfahrzeuge, die in der Kriegsmarine, im Zolldienst u. ä. Verwendung finden. Die Bewaffnung dieser Fahrzeuge ist zweckbestimmt und ist in der Regel auf Geschütze kleinen Kalibers und schwere mehrläufige Maschinengewehre beschränkt.
Ein Beispiel für diese Kategorie ist das Schnellboot der Klasse Brave der britischen Marine, mit einer Wasserverdrängung von 89 t, das durch eine Gasturbine angetrieben wird. Es kann als Motortorpedoboot mit vier Torpedos vom Kaliber 533 mm oder als Kanonenboot mit zwei 40 mm-Bofors-Geschützen und 2 Torpedos verwendet werden und erzielt Geschwindigkeiten bis 50 Knoten.

VERZEICHNIS DER ABGEBILDETEN SCHIFFE

INHALT